彩繪心靈 · 法味的饗宴

圖·文 / 釋慧開

中壢圓光禪寺 / 山門

前腳走，後腳放；步步前進，漸入菩提。

彩繪心靈

法味的饗宴

圖·文／釋慧開

沉澱
是一種成長、是一種能量

記得兩年前，為慧開法師的第二本著作《菩提畫語》寫推薦序，那麼快，法師又有大作呈現給大家。法師好樂自然，於「畫布」素材取自「葉子、木頭、石頭」做彩繪，於無情物中給予「生命」的延續，於「文」又是灑脫自在。在作品中常看到的是一種莊嚴，世間人說是一種「美」，將佛法融入生活中，讓人看的喜悅與沉靜。

是如何巧智慧心創作？如何微妙技法令人心曠神怡呢？是什麼因緣？去觸動這個智慧的「創作」呢？個人認為，慧開法師藝術與著作，不是語言能說明白的，那是一種很微妙的特色。別見她隨筆繪畫成圖，而下一步便有驚豔的成品，這一點是很特別的。字裡行間結集成文的文章，是如此平實又讓人閱讀賞味。

所以我說這是一則則的內心世界的故事。有句話這麼說：「經驗裡一種看不見的技巧，一種與自我之間的對話過程。」這種感覺

　　的確是心與心的對話，自己與自己之間的聆聽，這其實就是「讀心」。看到心的波動、見到心的沉澱，而後塵埃落定時感受內心的寧靜，這是一種很特別的正向思考模式，帶來人們成長的動力，給予精神無限的能量，並在潛意識內注入了清淨的業識。

　　法師能寫、能畫秉賦聰穎，想必是宿世因緣所造就。而我個人對藝術細胞，一直未落地生根，所以對藝術人士，能創作而感到很羨慕。於此隨喜慧開法師《彩繪心靈，法味的饗宴》大作問世，與大眾廣結善緣，智慧開啟所行無礙。

釋性尚

寫於放寮

104.5.8

中壢圓光禪寺住持／中壢圓光佛學院代理院長

彩繪心靈・法味的饗宴

為有緣人

點燃心燈

　　任何一位愛惜光陰之人，本質上是主動積極與樂觀進取之人。大凡有此心念之人，她每一刻都明白要做什麼？先做什麼？後做什麼？生活的行程計劃是一章接一章。猶如在道院修行的插曲，也巧妙地安排在忙碌的工作隙縫間，兼籌並顧，慧開師父即是如此修德之人。每天置身於歡喜自在的情境之中，心思愈來愈縝密，事事有作為，日子一到，總是有令人稱讚的作品呈現，交出一張張人生亮麗的成績單。真是難以想像，這麼多的事，她是怎樣做成的？期冀慧開師父心力付出所完成這一本淺顯易懂，結合生活且深富禪意《彩繪心靈，法味的饗宴》能提供有緣人增長智慧，促進人們生活情趣，提高自身意境。

　　慧開師父之作品向來皆以「山水」為由，更說明師父紮實的功夫。古人云：「登高必自卑；行遠必自邇。」而西洋人也有句話：「No magic,just basic.」可見基本功之重要，中西皆然。

　　在大千世界中，有地水火風，而水是其中要素之一。有時水流動，有時水停蓄。老子曾說：「最妙的就是水，它簡直就是道！」

就連孔子看水也激動地大叫「水哉！水哉！」表露出他內心美妙得難以形容的讚嘆！水有「去盈就卑」的性格，水愈大，處的地位愈低，每處在最卑下的位置，百川都歸向它，它像一個有道而修養深邃的哲人。水最仁慈，沐浴眾生，澤被萬物；水富有智慧，疏通江河，自戒盈滿，而流於謙卑。所以說智者樂水，水有如此德性，吾輩豈能不向水學習嗎？

　　人的一生之中，如果有一個明確的價值觀並且堅定不變，則生命過程中的每個階段，都是相乘相加的人生饗宴。殊不知由過往的積累，才有生命的厚度，有生命的厚度，才會有現在的精彩，有精彩的現在，才有希望展望未來。如果能「明心見性」，找回本身就具足的真心與靈性，不再為「相法」所迷惑，知道「相」只是因緣和合；如同金子因不同的「緣」，做成各種金器一樣，能悟得此一道理，便能體現生命的真諦。

《金剛經》上說：「凡所有相皆是虛妄。」因為世間的一切都是「緣起緣滅」，如果我們時常執取假相，執幻為真，自然煩惱叢生。所以常言道：「心田不長無名草，性地常開智慧花。」心不隨境，是禪定的功夫；心不離境，是智慧的作用。

　　六祖慧能戒訓：「一切福田，不離方寸，從心而覓，感無不通。」心能造作一切善惡業，由心故有一切善惡果。如是種種諸心行，能生種種果報。所以說：「諸惡莫作，眾善奉行」；善為至寶，一生用之不盡；心作良田，百世耕之有餘。聖賢亦云：「心田種得急修持，生死無常不可期，窗外日光彈指過，為人能有幾多時？」時間稍縱即逝，生死無常轉瞬，不知可否輪迴為人啊！

　　惟願大家看完本書後，要用「平常心」過生活，懂得生活就是修行，會彩繪人生畫布；在人生舞台，演好本身的角色。人生不可能一帆風順，身體難免有病痛，工作難免受阻礙，自然環境難免起災害；只要心安，就會平安。

劉必棟

曾任陸軍專科學校校長，現任金防部副指揮宮

民國 104 年 5 月於台灣桃園

福慧具足

圓滿菩提

　　與慧開師父結緣認識約在一年多前，記得初次見面，直覺師父是位平易近人，樂於引領信眾親近佛法的出家人。有日在師父的帶領之下，與家人一同參觀師父的畫展，蒙師父逐一介紹作畫過程、心境及其意涵，及如何在繪畫與園藝設計中體會佛法的修持。在師父有心並極具智慧的開示之下，一整天下來，雖然師父依然神采奕奕，精神抖擻，我們卻已顯露疲憊，可是心靈獲得的滋潤，讓我深覺受益匪淺，特別是師父那種「明心見性」的修行，看透人生開悟的境界，舉止坐臥間皆是佛道，讓人有福慧具足，圓滿菩提的體會。

　　慧開師父對文學與藝術深具慧根，能夠無師自通又勤於耕耘，摸索出自己獨樹一格的藝術道路與寫作風格，著實令人佩服。師父運用菩提落葉當作畫布，順其脈絡作畫，與大自然循環完全契合，既備慈悲心，又有自然情，而畫作更饒富禪意，每一幅畫中的修道者或立或坐於森林及瀑布間，總讓人覺得意定神閒，以大自然為師，體悟佛法。個人有幸收藏師父畫作乙幅，掛在辦公室，每日抬頭凝視，看到畫中的修行者，在潺潺流水圍繞的森林深處靜坐禪修，心中頓生祥和之氣，即便工作遇有罣礙，亦能法師畫中人物冷靜以對，深獲其益。

7

慧開師父所撰寫的小品文，都是從日常生活中修學悟禪心，文字雖淺顯易懂，卻寓意深厚，每回頭再研讀一篇，都會有不同的體會，益增生活智慧。《彩繪心靈，法味的饗宴》是師父第三本著作，彙集師父平日修行的「心靈彩繪」文章，搭配親繪插畫，延續第二本著作《菩提畫語》給人圖文並茂、清新脫俗的感覺，不管是當作平日休閒閱讀或是作為勵志修行，都是一本值得推薦的書。

為了寫序，得將本書內容先讀為快，發現師父用了一些小故事，或師徒對話方式，將深奧的哲理深埋其中，讓讀者在會心一笑之餘，亦能深深體會個中奧妙，諸如在「南洋杉」乙文中，透過師徒整理花園枯枝的對話，小樹必須經歷風吹雨打，才能成為老樹盤根穩健成長，老南洋杉的葉子要經過歷練，才會慢慢收斂尖銳的末端，不讓人一碰就受傷，寓意我們要收攝身心，學會「內觀反思」；在「葉子掉下來」乙文中，藉由師父告訴小葉子與樹幹間關係，對應世間一切都是因緣和合而相遇，因緣結束就會分離，寄望不如「活在當下」，成長過程或許會經歷失敗，卻能累積成功的果實；「會講話的人，要先學會聆聽」乙文中，徒弟問如何才能獲得平靜的心，師父回答要先調整內心的騷動和無明的煩惱，生活就像一片海，不幸和不如意就像海上的風暴，不斷受海水洶湧起伏而動盪著，「心」若「一滴油」撒在海面上，不論風浪有多大，都沒辦法將它給掀翻，也沒有能力阻擋它在海洋中的任何行程，所以要平靜身心，就看自己心念定位在哪。

「老師父的菜園」乙文中，提到曾是《菩提畫語》書中主角而現已辭世的老師父，從種菜當中體會到：「修行就是在日常生活中，『心如大海無邊際，廣植淨蓮養身心，自有一雙無事手，為做世間慈悲人。』做任何的職事都不要去計較，計較愈多福報就愈少，我們的這一張『口』，如果無法掌控就無法『守成』，如果『心』不掌握好，『身口意』三業便會不斷的造無明惡業，一點一滴漏失功德法財，如同菜園的草不經常去拔除，便讓雜草有機會長滿菜畦上，如果我們用心觀照，便會有好的收成。」這不正是我們要學習的修習佛法之道；「做自己主人」乙文中提到，「烏龜」因為「伸出頭」才能前進，我們要前進，就

是遇到事情「面對、接受、處理、放下」，更要「前腳走、後腳放」，這是前進的因緣，亦是我們生活的態度。以上列舉書中數則文章與讀者共享，其餘就有待大家仔細慢慢品味喔！

個人因工作關係，經常看到人世間的貪、嗔、癡、慢、疑、惡見，只見一般人或為爭名奪利，或為爭風吃醋，有時弄的暴戾相向、妻離子散，甚或身敗名裂、身繫囹圄，後悔莫名。我想上天對每個人終究還是公平的，傳說所羅門王在臨終的時候，交代死後要把他的雙手伸出棺木之外，倒不是他還要捉住這個世界，而是要昭告世人，即便擁有廣大國土的君王，最終依然是兩手空空的死去。我想佛陀在菩提樹下悟道覺醒，斷煩惱並証智慧，已開示我們要有菩提心，用智慧來過生活，眾生生命本就是苦，要透過佛法引導我們的心念，渡過今世的煩憂痛苦，活在當下超然脫俗，始得身心來去自如。

為人作序是何等殊勝莊嚴，若非德高望重賢達，便是才高八德、學富五車之士，自從得知慧開師父囑咐為其新著《彩繪心靈，法味的饗宴》寫序，個人深感何德何能擔此重任，思慮多日總覺得還是推辭為宜，後來想說若能將個人對慧開師父的瞭解，及過往閱讀其大作的感想與讀者分享，讓讀者對師父的善念與修持佛法的方式與心得，有更深一層的認識，不亦快哉，就毅然接下，希望藉此能夠讓更多有緣人瞭解佛法及修持之道，期不辱師父之囑咐。

藍家瑞

曾任台灣派駐加拿大溫哥華經濟文化辦事處秘書，並榮獲行政院模範公務員；現任法務部調查局板橋調查站主任

民國 104 年 5 月 18 日

彩繪心靈

法味的饗宴

　　從《菩提葉畫》，到《菩提畫語》，到這本《彩繪心靈‧法味的饗宴》，慧開法師行道之餘不吝與行道人分享他行道的體悟，師父有自己特有的創作方式，不只是繪圖顯示，更迭用多種不同寫作風格，剔亮心靈的燈。雖然禪門一貫主張「不立文字，教外別傳」，但無礙《金剛經》、《六祖壇經》等為禪門重要的經典，另外眾多的公案、語錄、禪詩、偈語一再被創造出來，這跟「不立文字」的立場似乎不合，實則如《金剛經》所說「應無所住，而生其心」，禪門以為「道」是不具文字相也不具語言相的，要得「道」，唯有自心去參悟，因此希望透過「不立文字」的非常手段，促使言語道斷，一舉掃空世間無窮幻相給人的負擔，讓人重新探究「心」的真正實相。

　　「菩提達摩東來，只要尋一個不受人惑的人。」就是教人不要執著文字，不要聽信一家之言，最重要是自己要去親身體驗修行。所有的經典、公案、語錄、禪詩，包括當世大師的說法，都只是一個「引子」，引導你去思考、去體驗、去判斷、去修行、去參悟。金剛經：「說法者，無法可說，是名說法。」佛陀說法四十九年，

仍說他：未曾說一法。這是「不立文字」的根本精神，但不必是不立文字。慧開師父別開生面，以葉畫，以畫語說法，何嘗不是以之做為「引子」，希望讀者能做一個不惑的人。

　　觀慧開師父的菩提葉畫，恍如佛法示現在夢境，如真似幻，讓頑石看了也會點頭。葉畫是師父宣揚佛法的切入點，而且也獲得很大的迴響，但師父不以此為滿足，仍然不斷研究提升，使他的畫藝更進步，畫境更充滿法喜，更充滿美學，更接近禪境。在繪畫媒材上，師父最初以菩提樹葉作畫，近期也嘗試在木頭及石頭等不同材質上作畫，成績十分可觀。畫材的改變，當然對創作者是一大挑戰，慧開師父不但輕鬆克服了材質的異同，畫作本身的藝術性更有很大的進展，瀑布、森林、水岸、步道，炫麗的色彩猶似花花世界般迷人，但一經加入一行低眉合十、神閒氣靜，魚貫而行的修道人，哪怕是二三人散坐或竟只是一人獨坐，意境立即丕變，無限莊嚴之感悠然而昇。師父如此高超的繪畫功力，據其自述，「創作原來只是一個靈感和觀察的結合，不知道什麼是色彩學？也不知道如何配色？」

　　應物象形，隨類賦彩可是我們看慧開師父的畫，雖然多為水邊林下的情境，可是構圖幾乎無一重複，這種奇技只能用匪夷所思可以形容。個人爬過的大山，見識過的瀑布，不算多，可也不在少數，但仍無法揣摩出慧開師父究竟怎麼創出這些畫境的。這應該不是他自己說的：「一種感覺，一種寧靜，一種喜悅」而已，而應該是「上輩子或許是雲遊僧吧！作品的呈現是告知曾走過的情境……這也是創作過程中很意外的發現。」（慧開師父 FaceBook 自述）

　　《彩繪心靈・法味的饗宴》一本《菩提畫語》的風格，你說它是佛教叢林的生活實錄也好，說它是現代禪林公案也行，甚至說它是「開師父寓言」也無不可。

雖在民主社會，佛教叢林的生活對俗家而言仍是帶著幾分神祕與誘惑，這書正好帶我們了解：原來禪門是這樣自我歷練的，原來「出坡」（義務勞動）就是見證「一日不做，一日不食」，也是調整身心的方法。原來禪門內也有些是非紛擾，但這些是非紛擾最後都將在智者開示下或是因緣明心見性下，回歸中道。藉著書中的一個又一個故事，我們彷彿跟著作者進入佛教叢林學習，早課、早齋、出坡、考試、靜坐、參禪。叢林生活並非想像中那麼平淡無奇，點點滴滴都充滿智慧和挑戰，生活上偶然的一個火花，在行道人的心中都是智慧的發軔，生活的昇華。書中最精彩的，應就是對於「當下」的面對。

「道無古今，悟在當下」（32）
「『禪』是生活，『生活』是禪；禪是『當下』，當下是『禪』！」（14）職事之故，「修行在日常生活中」（59）。
「我們無法掌握未來，但是我們可以活在每一個當下。」（27）
「寄望將來不如『活在當下』，活在當下『就能擁有』」（22）
「在這一個當下，我們做到自利又利人的布施」（27）
「覺醒的生活就是清清楚楚、明明白白，知道自己在做什麼。」（14）
「生活中的大大小小細節，只要一肩承擔必能練達成為一名成功的人。」（32）
「無論做人或修行，只有一句話，就是：『老實修行』，老老實實做好自己的本份事，愈是簡單的事，持之以恆就不簡單。」（40）
「老老實實當一個平凡的人，能當一個「平凡」的人，才能過『超凡入聖』的生活。」（44）
「當我們弄清楚問題的當下，也正是解決方法到位的時候。」（28）
「無論對錯也只不過是當下的堅持，時節因緣過了，轉眼一切什麼都沒了」（39）簡言之，慧開師父認為只有「活在當下」，修行才有可為。

　　至於說它是禪林公案，在佛家言，生活上的每一細節，都是有來因，有緣份的，當下的迷惘不解，混沌未開，正是受蒙蔽的時候，唯有一念直心，可以解決問題。在書中我們看到很多篇師父和徒弟的對話，以及多篇開示的話語，主角究竟是老師父，還是方丈師父，還就是慧開師父自己，無庸究詰，但是這些因緣說法的記錄，無異醍醐灌頂，大悟人心。開師父所舉的許多故事，很多是以對話的形式進行，人在說話時，意念一秒也沒停，一般的敘述文字，顧得了說話，就顧不得心裡想什麼，想要兼顧，可是「說時遲，想時快」，文字敘述總是追不上意念閃動的速度。長久以來，我都覺得這情形很難處理，可是慧開師父可能在禪中浸潤久了，不管是說話還是心裡在嘮叨，一律直接呈現，在電影裡可能用些蒙太奇手法什麼的轉換一下場景，開師父則以超寫實的筆法一體呈現，讀者在閱讀時，也能概括接受，這是一種新型態的寫法，頗具挑戰性。（51）（53）（43）

　　讀開師父的書不能不令人想到莊子，莊子一書寓言多達 200 則，是歷代寓言的代表作。莊子寓言中，人可與鯽魚說話，罔兩可以對影子提出疑問，狙公可以用朝四暮三騙過猴子……，這些寓言都帶給世人很大的啟示。開師父不遑多讓，老鼠可與僧眾互動，方丈和尚向老鼠們發出牽單的告示（51），毛毛蟲可以自言自語（7），百足蟲可與螞蟻對話（14），日日春會打求救電話（18），師父對葉子開示（22），我們還記得他曾寫過給蚊子的一封信。如非「無緣大慈，同體大悲」的心腸，可能寫出這樣的內容嗎？其最終目的，還是借寓言說法，顯示佛門對生命的態度，堅定菩薩慈悲的精神。

郭振祿／曾任台南一中圖書館主任，現任台南晨園藝術負責人

法味的饗宴

　　宋朝，朱熹的詩提到〈觀書有感〉「半畝方塘一鑑開，天光雲影共徘徊，問渠哪得清如許，為有源頭活水來。」朱熹以寧靜清澈的一方小小池塘來比擬自己讀書有得的心境，像鏡子一般倒映著天光雲影，是如此的清澈澄明。此等動人的景致讓人不禁尋思「問渠哪得清如許，為有源頭活水來。」這兩句千古傳誦的詩句，任何時刻品味再三，依然雋永芬芳。的確，若非源頭活水，哪能如許清澄呀！

　　而我呢？於「文」是素人，於「藝術」是門外漢，常年與「青燈木魚」為伴的「方外人」。意外走上寫作和藝術的領域，我說這是「佛菩薩」給我的另一門功課，以不同的方式和大眾結緣。此要說明這不是我的「本業」，而我呢？還是很喜歡寺院悠遊自在「修道」的生活。

人的一期生命中總是有許多的插曲，而每一個人的故事感覺很雷同，但是不會相同，雖然不同還是可以找到「相契」的「感覺」。讀他人的故事可以很輕鬆，說自己的故事則是刻骨銘心，但是無論那種心情都不要太在意，「人生難得」如果憂心忡忡過日子，太可惜了！又不知道「來生」能不能再來，為何不活在當下呢？好好將「人」的角色扮演好。

　　生命的體會，生活中的表現和突破，人生中的一則小插曲，是可以從一點延伸到全方位，而開啟「心靈動力」的揚起，這就是生命火花的傳遞。有句話說：「每一個人，生活中的每一個時刻都充滿著機會。」所以，我決定給自己一個機會，再一回嘗試日夜走筆的感覺。當然有感受時，下筆即刻成文，無思緒時，苦咬筆桿仍舊無下文。但是我相信，生活是用心去感受的，所以才能明白，生活原來有酸甜苦辣做調劑，進而了解自信心的重要，更能了知人生路程要常給自己掌聲和機會。所以告訴自己，我必需克服逆境，我用等待、我用心體會，直到智慧湧泉流露那一刻時，必然能寫下故事大全集。

　　「智慧」為眾人所望，如何獲得？簡單的說，從寧靜身心中，念念清清楚楚明明白白。而再深入一點，就無法用文字來訴說，有道是：「如人飲水，冷暖自知。」的意境。而這和世智辨聰又有何不同？如何培養智慧長久恆溫？這就要用一個很「平常心」的心過生活，才能切入平常，佛門中常提到「平常心即是道」就是這個道理。

　　這本「心靈彩繪」，繼第二本著作《菩提畫語》後，再一回用圖文並茂方式呈現。彩繪中以高山上的神祕涓涓細流，恰似流水每日洗滌我們身心污垢一般，讓我們身心靈，受淨水淨化而獲得清淨。瀑布自天際雲端，潺潺而下形成壯觀的飛瀑，無論石壁如何剛硬，滴水必能穿石，以示柔水具剛的性質。有清淨僧人遊行水邊林下，

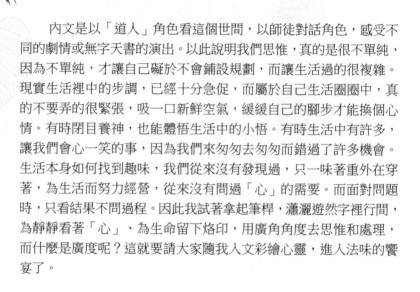

時坐、時行每一當下以法為貴，所以無論路程如何，必以堅苦卓絕的毅力精進行持。同時《詩經‧小雅‧車轄》中提到：「高山仰止，景行行止。」而這「高山」，所要比喻是道德的崇高；「景行」，所要比喻的是「康莊大道」，人生難得「行為正大光明」我們才能感受佛菩薩的加被。這就是為什麼作品皆以「僧人」以「山水」為由的原因。於「文」找到心靈依靠，於「圖」讓自己融入畫作心靈意境，這也是個人的風格與特色。

內文是以「道人」角色看這個世間，以師徒對話角色，感受不同的劇情或無字天書的演出。以此說明我們思惟，真的是很不單純，因為不單純，才讓自己礙於不會鋪設規劃，而讓生活過的很複雜。現實生活裡中的步調，已經十分急促，而屬於自己生活圈圈中，真的不要弄的很緊張，吸一口新鮮空氣，緩緩自己的腳步才能換個心情。有時閉目養神，也能體悟生活中的小悟。有時生活中有許多，讓我們會心一笑的事，因為我們來匆匆去匆匆而錯過了許多機會。生活本身如何找到趣味，我們從來沒有發現過，只一味著重外在穿著，為生活而努力經營，從來沒有問過「心」的需要。而面對問題時，只看結果不問過程。因此我試著拿起筆桿，瀟灑遊然字裡行間，為靜靜看著「心」、為生命留下烙印，用廣角角度去思惟和處理，而什麼是廣度呢？這就要請大家隨我入文彩繪心靈，進入法味的饗宴了。

於此特感謝郭振祿老師，31年前的鼓勵讓自己今日能站上寫作舞台。於《菩提畫語》及第三本著作中且全力協助和指導，一生的良師無限感恩，祝福老師一切時中恆吉祥。

彩繪心靈‧法味的饗宴

推薦序

自序

心靈資糧

1

如果沒有相欠，怎會相見

　　在寺院中常見到許多善男信女，拿著香和菩薩說話。或雙手合十用那最虔誠的心，與諸佛菩薩心靈交集。但總是離不開人事問題，誰是對、誰是錯、誰對他好、誰對我不好，放下！放下吧！放下你那自認為很無辜的心情吧！

　　「無論你遇見誰，他都是生命裡該出現的人，都有原因，都有使命，絕非偶然，他一定會教會你一些什麼。喜歡你的人給了你溫暖和勇氣，你喜歡的人讓你學會了愛和自持。你不喜歡的人讓你學會了寬容和尊重，不喜歡你的人讓你知道了自省和成長。沒有人無緣無故出現在你生命裡，每一個人出現都是緣份，都值得感恩……若無相欠，怎會相見……。」

　　佛門中常聽到「因緣」，任何一件事，都有一個起頭，那一個事件的起「因」，就是延續接下來的「果」，而這中間有著你、我、他及時間、地點……種種的匯聚才會產生，而這個就叫做因緣和合。如果你我明白這一切都是有因有緣，真的，我們不要太計較，計較太多表示我們欠缺很多。東西有缺可以到市集補足，心靈少了點燈的人，我們就要在黑暗中摸索。菩薩以大悲心的願力，與大眾廣解善緣。菩薩知道我們的心，也希望我們知道菩薩的心，猶如父母給予子女的關愛，無怨無悔，且願為人子女的我們永遠記得父母或恩澤。」

2

平靜是在你心中找到的

　　有一陣子，一名流浪漢手拿著一瓶飲料及食物，每天到櫻花園的「雲水亭」長椅子上睡覺，剛開始我們以為他沒有家，經一番了解才明白，原來他其實有個遮風避雨的屋子。

　　「人之有志，如樹之有根，念念謙虛，塵塵方便，自然感動天地，而造福由我。」一個人如果沒有目標，便會走到那算到那，既使有家，但是沒有讓他有個歸屬感的心，心去流浪，身去陪同，心迷失，身陷當中，註定天天要去流浪。

　　如果內心平靜，無論居住在那？走到那？便能帶著祥和的心落腳。所以唯有以「觀照的心」洞察世間相，才能深深體會到平靜是在你內心中找到的，唯有明白「心的去向」，才能讓自己過個平靜的生活。

3

天生很喜歡背東西的——蚍蜉

「師父，我跟您說，為什麼那個人很喜歡生氣？」，「師父，我本來可以做很好的，就是因為……」，「師父！師父……」

一名心性有待加強的徒弟，每天有說不完的理由，想不透的為什麼？師父藉這個因緣，為他開示：「徒弟，在很早、很早以前有一則故事這麼說的。」

徒弟：「什麼樣的故事呢？」

師父：「有一種小蟲叫做「蚍蜉」，天生很喜歡背東西。只要遇到喜歡的小東西，總是設法背在身上。牠的背上有黏性，所以背的東西不容易掉下來。不管走到哪裡，牠都一定要背點東西當作紀念。

有一天牠背了太多的東西，壓得走不動。有個善良的小朋友，幫牠把背上的東西清理乾淨。當牠爬起來以後，又去找小東西背。「蚍蜉」喜歡背東西，又喜歡往高處爬，因此常常掉在地上摔死。

徒弟：「哇！阿彌陀佛！」

師父：「如果我們的心一直只想改變人家，我們就像『蚍

蟲』。牠背的是外在的東西，而我們背的是內心中的負面想法、他人過失、你我他人的恩恩怨怨……等。因此為了正向前行，我們必須靜靜的來思惟：『做人有成，便是福氣；做事有果，乃是壽徵。』有限生命應朝向淨化身心解脫之道才是。」

「修道人，心要空，勞勞碌碌苦無窮；成聚壞，萬象空，世態無常若夢中；利藪名場埋後傑，愛河苦海喪英雄。」今天無論是不是修行的人，心中也是要常保持少欲知足、知足才能常樂。

4
心忙與心盲

「我」少了左上角一撇是什麼字呢？是的，是「找」，找什麼呢？找我們的「心」。為什麼要找心呢？因為心猿意馬的結果守不住心思和心情，以致心忙、心盲。可以問問自己每天起床的那一時刻想做什麼？自己為什麼要這麼忙忙碌碌呢？一旦「心」離開了心，心也就「亡」了，心看不見，不知道自己在做什麼，「我」是誰呢？不知道？自己都不認識自己，誰才能了解我呢？

當他人努力在積聚精神食糧時，我們的視野居然只看到他人的成就，他人的過失。我們就是看不到自己的心，我們將希望寄託在他人的身上，這樣我們將每天過著心很貧窮的日子，就如明明知道有水源而不打水，勢必糟蹋心中這一畝田，當然更無法滋潤心田裡的智慧花朵。

每一天存著感恩的心情過日子，每天存著很知足的心過日子，我們才能讓心富有起來。或許你會問：為什麼有的人生活很平淡，卻是活得很超然？其實那是因為他知足因而常樂，看到「心」在那，目標便在那。「生活的目的，就是有目的的生活。」

踏實過日子吧！看到廣袤人生的每一點，知道如何延伸心靈的觸角，知道如何增長心靈的版圖，我們便「找」到了左邊那一撇，那一撇找到了就成了「我」，「我」找到了便找到心。

5

自信心，是任何一條路的通關密碼

　　晴空萬里的好天氣，對寺院來說是一件好事，寺院常常會為做一些醃漬品如高麗菜乾或蘿蔔乾……等，可在非常時期做為加菜的食物。

　　師父說：「今天烈日當空，徒弟呀！去拿『蘿蔔』出來曬太陽。」
　　徒弟說：「喔，好！」
　　徒弟說：「哇！太陽好大呀！」

　　於是徒弟走到「大寮」（廚房）提著「蘿蔔」經過「法堂」，邊走邊想：「為什麼？影子老是走在自己的前頭？伸一下左手嗯！影子也伸了左手，揮一揮手，哇！影子和我們做同一個動作哩！跑跳看看，嗯！一樣嘍！」

　　徒弟問：「師父，為什麼影子老是走在我前頭呢？」
　　師父說：「因為你背著陽光。」
　　徒弟說：「嗯！」
　　師父說：「如果要讓『影子』走在你的『後頭』，就是要向著陽光，那樣影子便會走在你的後頭。」

我們不喜歡「他人」擋我們的路，那就先學會不擋「自己」的路。人失志時就想要放逐自己，猶如消了氣的氣球萎靡不振。 一個沒有氣的氣球是無法飛上青天的。想要有一片藍天，就向著太陽找到光明持續走下去，只要堅持便有進展，因為「自信心」是任何一條路的通關密碼。

彩繪心靈・法味的饗宴

34

HUIKAI

6

減法與加法的數學題

「花開滿樹紅，花落萬枝空；唯餘一朵在，明日定隨風。」什麼都留不住，為何不活在當下呢？人生是個「減法的數學題」，福報是「加法的數學題」。能來到這個人世間是一種福報，雖有福報，仍然無法迴避減法的數學題目。「光陰如射箭，紅顏暗裏遷；青春到老年，忽覺一瞬間。」每一分秒、每一時刻，時間彈指之間滴答、滴答慢慢流逝。無法因為「要」而多留下一點，也無法因為不喜歡而「跳過時間」，歲月的催促，我們一天天的長大，同時也是一天天減少生命。

「只宜來世勝今世，莫遣今生勝來生。」要有福報就要有「功德」。而如何積功累德呢？當明白：「無過就有功」、「人人知道有來年，家家盡種來年穀；人人知道有來生，何不修取來生福。」如果每一天當做「最後一天」，你會如何看待這一個日子呢？沒有誰能長久守護我們，唯有自己願意守護自己善根，才能讓自己明白：原來「為人」不容易，應該珍惜每一個「因緣」。

彩繪心靈・法味的饗宴

7

走對了路，我們才能平安回家！

六點十五分「用齋」搖鈴聲響，師父們排班如魚貫走進「齋堂」，今日有居士供養「柿子」，六點二十分大眾師父唱供養偈「供…養…觀世音菩薩…」

毛毛蟲：「奇怪了！為什麼，沒有看到綠色的草地和嫩嫩的菜呢？」

於是「毛毛蟲」左看看右瞧瞧，嗯！沒有！原來「毛毛蟲」跟著他人供養的「柿子」來到圓光的「齋堂」。

毛毛蟲：「我到底走到哪了？為什麼沒有看到我的爸爸？我的家呢？」

毛毛蟲：「我到底走到哪了呢？都怪自己貪玩…嗚…爸爸…」

師父：「哇！蟲…蟲…毛毛蟲爬…上…飯…桌上，哇！」

供養偈唱完了，「毛毛蟲」從左邊爬到右方，一會又從右方爬到左方，這隻不到一公分的「毛毛蟲」就在供桌上如此爬來爬去，又一會居然爬到鄰近的桌沿邊。

彩繪心靈‧法味的饗宴

　　毛毛蟲：「我的爸爸去哪兒？沒有草的地方，這到底是什麼地方呢？嗯！是一個懸崖。」

　　一會兒工夫再回頭，「毛毛蟲」居然越過另一張桌子。用完齋師父將「毛毛蟲」請到花園裡。這一放是給了一條「生路」，但要再回到原來的生活環境，已經是遙遙無期了。

　　生活中，總是讓我們「學著」如何過日子，學著在「過程」裡長養成熟心智，好讓自己活得自在。但在大環境裡，個人「欲望」總讓我們忘了坐上回家的車班，一不留神，便離開我們熟悉「學習」的環境。因為好奇而「走失」了原來的道路，因為「欲求」而產生「迷戀」。只有一期生命，我們不能錯過這「一輩子」，走對了路，我們才能平安回家。

8

緩衝是為下一步做進展

有一條「魚」在自己的水缸裡「悠遊自在」的生活，是因為已經調適了這一個環境，明白「水溫」、了解「水性」，所以可以平靜的過生活。從中發覺原來「植物」和「魚」是一樣的，甚至我們也是「相同」的。適當的對「家園」、惡劣「環境」做調整，是活在這世間的必修課程。

任何的事都不要急於「表現」，人與人之間互動在於彼此的「尊重」。而養活一條「魚」、照顧一棵樹、看清一個世界、扮好自己的角色就是尊重自己。任何一件事都有頭緒，想要做好任何事就是要「提綱挈領」。

遇到事不要急著找答案，先深呼吸淡定一下；如果遺忘東西不要急著找東西，先深呼吸淡定一下。如果彼此間不愉快，先深呼吸淡定一下，「緩衝」一下，「緩衝」是為下一步做進展。

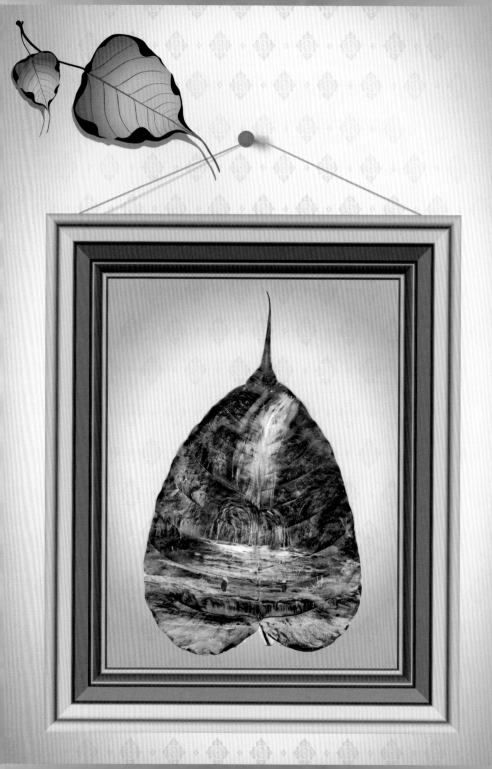

9

體會愈少，抱怨愈多

一點一點將顏色點綴在畫紙上，輕輕的揮揮筆觸，便能將一張畫紙構圖彩繪，將內在世界呈現在外，成為另一生命思想和內涵的崛起。人生充滿了色彩，是因為我們在人生的路上，所受的種種體會比他人更多。

一個人懂得調適心情，在於經歷多回的磨鍊。一個人受了多回的磨鍊，便能將心志提昇。人生，因為有著種種的酸甜苦辣，才能讓自己深深的體會，我們的人生不是黑白的，無論是成功或失敗都是必經之路。也因為這樣的事實，証明我們是很有用的，才能通過一個個的關卡，不是嗎？

人的內在思想的蘊釀在於沉思。我們為什麼無法在人生的畫紙構圖彩繪？因為我們無法面對自己，無法給自己掌聲。十根手指頭合十，左手代表「智慧」，右手代表「慈悲」，我們沒有賞識自己，所以沒有給自己掌聲，無法在雙手掌聲中獲得激勵，而少了肯定的劇本中，又如何站在自己的範疇裡，定位自己人生舞台，扮好自己的角色呢？

「自處超然，處人藹然；無事澄然，有事斬然；得意淡然，失意泰然。」生活是用心去「體會」的，「體會」愈少抱怨愈多、「抱怨」愈多「苦惱」愈多，苦惱愈多最終就是黑和白的色調，加上雜亂無章的走筆。這樣的生活步調是看不到思想的，更別談光明的人生，所以守護我們的身口意念是十分重要的。

10

來瞬間、去瞬間

　　生活步調急促的像搭「高鐵」，來瞬間、去瞬間，匆匆白駒過隙間。看不清楚門窗外頭的景色，不知道家中的小花，什麼時候展現美麗的花朵。不知道家中的小娃兒，什麼時候成了少女。一天到晚，就只有一個字可以形容：「忙」。幼小期望長大，長大期待做大事，隨著年齡增長，想要做的事愈來愈多。忙的，不知道白晝伏夜黑白布縵輪替拉起，不知道星星對我們揮手，看不到天際月亮對我們微笑，每天只管著桌上錢財「數字」起起落落、進進出出。

　　而試問：生活的目的是什麼？左思右想，是的，「生活的目的，就是有目的生活。」就算自己是千萬富翁擁有千棟華廈，晚上睡的還是那張七尺的床。別認為自己能力很好，別看著眼前這一碗飯，望著他人的麵，唯有知足才能常樂。吃少是養生，少食是良藥，身體機能和工作是一樣的，今天吃了數千元的大餐，吃過量身體負荷大，每天腸胃要加班，別認為現在沒事，當一天突然身體各部門罷工時，才會想到賺了那麼多錢，最後也只是拿錢去供養醫生。

　　豐富的人生，是因為我們懂得彩繪人生畫布。美好的人

生，是因為我們懂的捨得拿捏。現在發現人生沒有目的，也不遲……即時放下沉重包袱，緩緩你的腳步，喝杯水調解心情，讓頭腦清新重振士氣，再起程～我們還是有希望的。

11

無限的奉獻—台灣樹王賴桑

徒弟：「師父今天要和我們分享什麼故事呢？」
師父：「要和大眾分享一個森林綠巨人的故事。」
徒弟：「哇！那是什麼樣的故事呢？」
師父：「你們將眼睛閉起來，靜靜聽我念一段文章。」

當雨水輕輕滑落，一滴滴落到「肖楠樹葉」時，於葉尖形成小水珠，猶如一顆顆晶瑩剔透的水鑽，反射著周邊綠意盎然的情境，當走近一看時，你我便成了「水珠兒」的畫布。

不來「賴桑林場」無法感受大自然的美，來了「賴桑林場」可以感受到，「賴桑」用那一雙粗糙瘦削的手，完成一片綠樹成蔭大自然的彩繪，「賴桑」是守護樹木的「巨人」，是整座碧綠樹木的「園丁」，在這林場處處見到「賴桑」汗水下的成果，不單是滿座山的樹木，而是種滿遍地的「慈悲」、無私的「愛」、無限的「奉獻」。

徒弟：「感覺巨人無私的付出。」
師父：「是一個因、是一個緣，師父們因緣成就，來到東勢大雪山賴桑林場，與台灣的樹王賴倍元先生—人稱『賴桑』結緣。他三十年花了二十億種下三十萬棵樹，為人類、為地球，做了千秋萬世的事。」

徒弟：「師父，是什麼支持『賴桑』做這一件事？」

師父：「一個人在深山三十年，依靠著專注和毅力及那一份不放棄的堅持。」

師父：「『賴桑』種樹三十年有很深的體會。」

徒弟：「請師父開示。」

師父：

1、做任何一件事要去思考，有沒有強烈的興趣？有沒有努力去耕耘？

2、良善是美學的種子，好的樹種將成就美的樹木。心中有沒有美感，在於正知見的建立，正知見確立，生活美學就在每一個當下。

3、做任何事要去想想有沒有全面性？有沒有面面俱到？

4、「正業」也就是做對的事，做對的事就是要永續經營去做。

5、態度決定你的高度，所以做任何事，要有好的態度及厚道的品德。

6、森林裡蟲害，就是一種病態，病態就是一種自然生態，不要急著想如何做，要用「自然生態」來看待森林中的任何一件事。

7、人生沒有罣礙，你便活得瀟灑解脫。

8、無論做任何事，要「愈忙」要「愈閒」。

9、肯做的人，便能成就大事。

10、「無我」夠大？「有我」不夠大。

11、造林是一個「使命」。

12、山是天地的，不能用金錢評估。

彩繪心靈・法味的饗宴

13、內心中要常常存著「正面思考」。

14、人家不做的要事要「撿起來做」。

15、每天快樂 100 %、每天希望 100 %、每天認真100%，所有的事都能成就。

16、做任何事要問問自己，有沒有盡心，有沒有對不起他人。

17、每個人要找到，自己的一把尺，這把尺是要衡量自己的。不是要你拿著自己的尺去衡量他人的。

18、每個人都需要他人的鼓勵，森林的樹同樣需要我們的鼓勵，樹獲得我們給予的掌聲，樹會開心快樂的成長。

19、希望，是所有的泉源。

20、「好路」是因為前人的努力開拓。

21、「問題」都出在「人」的身上，要解決問題，先調整人的問題。

徒弟：「師父，賴桑如何體會的？」

一個人確立目標做事，堅持不放棄即可成就，向大自然學習。一名世間人能如此忠於自己的選擇，有所成就而謙恭和我們分享，願汝等能和他一樣學習他人長處，常給自己鼓勵，常親近大自然才能有另一番體會。常將滿腦子的事「放空」重整一下，才能疏瀹通達。

12

會講話的人，要先學會聆聽

徒弟：「師父您為什麼要為菩薩拍照呢？」

師父：「因為菩薩莊嚴呀！」

徒弟：「師父，我也很莊嚴，為什麼不拍我呢？」

師父：「因為你不是菩薩。」

徒弟：「噢！」

徒弟：「菩薩沒有說話，為什麼那麼多人要向菩薩說話呢？」

師父：「會講話的人，要先學會聆聽。」

徒弟：「師父，您看那位居士一直說婆婆不好吔！」

師父：「如果一個人常惦記著別人的壞處，心裡永遠得不到平靜的。」

徒弟：「那如何才能平靜呢？」

師父：「想要獲得平靜的心，要先調整內心的騷動。」

生活就像一片海，騷動與偏見是海面下不斷湧動的暗流，讓海水洶湧起伏。生活中的不幸的種種就像是海上的風暴，然而撒在海面上的一滴油卻永遠是平靜的。不論風浪再大都無力將它掀翻，都無力阻擋它在海洋中的行程。

13

小　渺

　　徒弟：「師父我什麼時候，才能像師父一樣很能幹？」

　　師父：「要等你長大了。」

　　徒弟：「我每天都有吃米飯，我不是每天都在長大嗎？」

　　師父：「長大可以分二種，一種是心智的成長，一種是身體成長。而當你只覺得外相的成長時，那表示心智尚未成長。」

　　徒弟：「要如何才能讓心智成長呢？」

　　師父：「要在出坡作務中，學會人事調和進退得宜。」

　　徒弟：「我這麼渺小要學到什麼時候呢？」

　　師父：「小溪，從不自卑自己的淺薄，時刻堅信，只要前進，終會發現大海。小草，即使不能獻給春天一縷芳香，也要把一片新綠獻給大地。」只要你一心向道，精進不懈怠，自然有一天你會站上自己的舞台。

　　每一個人都有一個自己的舞台，而當我們還沒有熟稔劇本時，要勤快背稿子。當你還沒有了解劇情時，要態度謙卑才能溶入其中。任何一個角色除非自己放棄，否則時節因緣到必然有機會。

14

人生的格局，由自己決定

　　森林裡的音樂會即將開始了，住在「智慧林」的住戶們，一一盛裝準備出席，就在這個時候螞蟻穿著剛買的新鞋，經過了「百足蟲」家門口，咦！那不是百足蟲嗎！怎麼會有的腳穿鞋，有的腳踩著後腳跟呢？

　　「百足蟲呀！為什麼有的腳踩著後腳跟呢？你的鞋子太小是嗎？」

　　百足蟲說：「我就是喜歡這樣穿啦！」

　　螞蟻說：「嗯！你居然喜歡這樣穿鞋？」

　　螞蟻說：「百足哥哥，我們都有自己的空間，但也要學會去尊重別人的感覺。」

　　百足蟲說：「是嗎？這樣穿有什麼不好嘛！」

　　螞蟻說：「儀容穿著得體就是氣質，同時也是尊重他人。」

　　螞蟻說：「離開了自己的家，我們是和大家在一起的，我們的生活中是彼此互動的喔！」

　　螞蟻說：「我看百足哥哥還是將鞋子好好穿好吧！」

　　雖只是日常生活中的穿鞋，便可以看出我們個人的格局。我們因為生活的步調稍快了些，而常常只活在自己的圈圈中，自我意識設限，以及主觀想法提高，以致忽略了周遭人情事物種種的變化，失去了一個可以成長的機會。

「禪」是生活，「生活」是禪；禪是「當下」，當下是「禪」！覺醒的生活就是清清楚楚、明明白白，知道自己在做什麼。

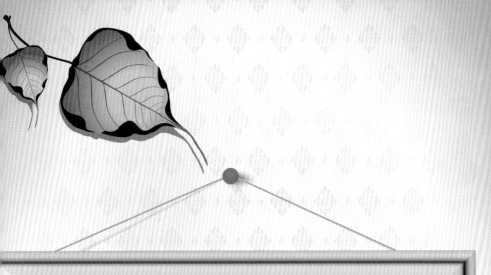

15

方丈的糖果罐

居士在山門前叫著：「師父！師父！今天為師父們送糖果來了！」香積師父將居士送來的東西，一一接收下來，正準備放入食物庫房。這個時候，年紀約 10 歲的二名小師父上來向香積師父討糖果吃，香積師父請示方丈和尚，方丈說他會處理。

二名小師父很快便找上方丈：「方丈！我要吃糖果啦！」方丈說：「好！」方丈準備了一個「糖果罐」，將糖果放進去後，要他們二人隨興去取，條件是他們必須一個一個走到方丈面前去拿。小師父年紀小，覺得只要可以吃到糖果，這卻不難。

於是甲徒弟先走到方丈那拿「糖果」，甲徒弟手伸進糖果罐拿了一顆糖，很快就將手抽出來。乙徒弟接著也去拿糖果，誰知他手伸進「糖果罐」取糖果後，卻抽不出來。「方丈！方丈！我的手抽不出來啦！」方丈會心一笑，告訴他將手放掉就可以出來了。「嗯！真的耶！還是方丈厲害！」方丈於是要他們站到跟前。

彩繪心靈‧法味的饗宴

方丈藉機為這二名徒弟開示：「來！來！方丈和你們說：你我都有手都可以伸進去糖果罐拿糖果，如果用手抓一大把糖，手是無法拿出任何一顆糖的。你明白為什麼嗎？」「方丈的手那麼大又抓滿了糖果，當然伸不出來嘛！」「是的！你說的很好，如果方丈和你一樣，希望擁有比他人多的糖果，不顧他人有沒有得吃，大手去拿，結果手中是拿到了糖果，可是卻抽伸不出糖果罐，這樣不等於沒有嗎？」「嗯！是的！」

　　「我們做任何一件事不要求一蹴可及，否則容易前功盡棄。你為了得到許多糖果，可是拿不出來就無法享受到你要的東西，而如果你不貪心，吃完一顆再去拿第二顆，那你不就可以擁有很多嗎？如果你是抓一大把、一大把的糖果，那麼就只有自己的喜悅，他人不會開心，我們也很難開心吃糖果，是不是？」

　　「小動作沒有關照好，便容易將我們的『心』給養大了，日久之後便『自私自利』。如果侵略成了習慣，給了權利便容易昏了頭，這一點不可不慎重呀！好壞的習慣都是點滴堆砌而成的，希望自己有好的善知識、有貴人、有好的因緣，無時無刻都應該守護這一顆心，明白嗎？」感恩方丈慈悲的開示，我們了解了。

16

贏家與輸家

在生活中我們都希望，追求一切美好的目標。可是為什麼一直很努力而始終無法達到呢？而他人為什麼是贏家而我是輸家呢？

「贏家總有個計劃，輸家總有個理由；贏家總能解決問題，輸家總是製造問題；贏家總能在問題中找到答案，輸家總是認為答案中有問題；贏家常說：還有沒有別的工作可給我做；輸家常說：那不是我的工作。」

如果一切事情，能夠以他人立場及自己立場，找到一個完善的平衡點，用心去思考，轉個念頭換個角度解決任何事，這樣您必定在任何位置中晉級，您就是下一個贏家喔！

17

老師父的菜園

「老師父，您好呀！您來種菜啦！」學僧問。

「是呀！」老師父回答。

「你來多久啦！」老師父問。

「一年囉！」學僧回答。

「師父，您今年要種什麼菜給我們吃呢？」學僧問。

「你們同學們最想吃什麼菜呢？」老師父問

「只要師父種的菜，我們都喜歡，因為您的菜有『慈悲心和安心』哩！」

「我們可以吃到沒有農藥的菜」學僧回答。

「呵！呵！呵！」老師父開心的笑起來，每天學院中的菜園裡穿梭忙碌，只為節省青菜的開支及讓同學們能吃到健康的蔬菜。

「組長！沒青菜了。」典座同學說。

「去菜園找老師父囉！」組長說。

就這樣，只要沒青菜，第一個念頭就想到校園邊疆一角的「老師的菜園」。18年前當學僧時也是菜園組，為讓菜長得好，還和同組師父們找「牛糞」做肥料，就因為老掩著鼻子搬動、施灑「牛糞」，常被老師父笑。

大伙沒有種過菜，總是將老師父的菜苗當做草一一拔除，經老師父的指導，我們從種菜中學會拔草、整地、拿鋤頭、施肥。老師父常說：「修行就是在日常生活中，『心如大海無邊際，廣植淨蓮養身心，自有一雙無事手，為做世間慈悲人。』做任何的職事不要去計較，計較愈多福報就愈少，我們的這一張『口』，如果無法掌控就無法『守成』，如果『心』不掌握好，『身、口、意』三業便會不間斷的造無明惡業，一點一滴漏失功德法財，如同菜園的草不經常去拔除，便讓雜草有機會長滿菜畦，如果我們用心觀照便會有好的收成。」

　　「從出坡作務中學習和人溝通，從職事中學會做『僧眾事』，一名道人如果沒有種種的歷練，如何感受他人的立場、我們的角度？『鼎內若無真種子，猶將水火煮空鐺。開池不求月，池成月自來。』做為一名道人要有深廣的眼光和遠見，沒有天生的成功者，唯有將失敗或挫折一切逆、順境做為堆砌『成功之道』。」

　　「師父您講得很好，我明天再來，您要講給我聽喔！」學僧說。
　　「好！如果因緣俱足就和你們分享。」老師父回答。
　　「我年紀大了，你們還年輕，要常在『道上用功』，能出家修道『如盲龜穿孔』，十分的難得，『苦海茫茫不見邊，伸頭忽遇救生船；時歲錯過空流轉，哭斷肝腸也枉然。』要深信因果，你的用心及努力不會白白受（浪費）的，『春種一粒粟，秋受萬顆子；人生為善惡，果報還如此。』做任何

事不能不慎重。」

「是的！老師父，我們會記得的。」學僧回答。

歲歲月月輾轉過，在時光的催促中，老師父身子一年一年的老化，但那一份照顧學僧和常駐的心是不變的。曾將老師父置於新書《菩提畫語》中當主角，而今再也看不到「老師父」了，故事情節就在 101 年 10 月 25 日一點二十分老師父於圓光禪寺福慧塔涅槃堂安詳辭世時落幕了。

「老師父」於圓光有四十多年的時間，和學僧結了很多的緣，如今無法再看到「老師父」，騎著他那拉風、量身訂做的電動座車，迤邐從校園羊腸小徑，來到校本部菜園種菜的情景了，那常為學僧們加菜的「老師父」離開我們遠行了。「老師父」一直是「圓光」的大樹，照顧著我們這些後學晚輩。常年一有空閒就為學僧們修補衣服或做僧服，一把黑傘擋著太陽，一個年邁的身軀踏著熟悉的縫紉機，一手拿著尺比著畫畫，一切就只是為我們這些年輕的僧眾或同學們服務，如此熟悉的背影已成過往了。

「老師父」身子看起來還不錯，總是坐在寮房前念佛，或到樓梯旁走道整理蔬菜。一天，我因公務拍照路過，看到「老師父」在整理南瓜，「師父！我要照囉！」「不要呀！我沒有裝假牙。」「沒有關係啦！」「咔！咔！」，「師父，拍的不錯喔！」老師父「呵呵」大笑。沒有想到這是她留給我最後的剪影。

暑假時「老師父」問我：「很忙是嗎？」「是的！」「妳要多休息喔！」「好的！謝謝師父！」「暑假在圓光嗎？」「外出，開學回來。」「要早點回來喔！」「好的！」當我暑假提前回來，「老師父」就病倒了，住院一個多月，一天我端飯給「老師父」吃，才吃兩口就吐出來。「嗯！我想休息了！」「師父！您沒吃東西。」「吃不下！」怎…麼…辦…才好呢？找了吸管給「老師父」喝流質，但還是很難吞嚥，在吃喝皆不適情況下，身子一天天消瘦。有一天「老師父」告訴我：「我…快…走…了。」「嗯！」兩個月的時間，老師父的身體時好時壞，最後「老師父」…依…然…走…了…。

　　「生與死不是兩個東西，生死一如，非同非異。如紙有兩面，表裡一如，故有生必有死，沒有不死之身，故曰一如。」「人在世間，種種愛戀，種種馳求，一旦臨終，究有何物為我所有？」「日落西山暮鼓催，娑婆苦趣實堪悲。」「一聲彌陀悲心生，聲聲佛號入耳根；阿賴耶識源頭淨，流露安詳自在心。」世緣已了，「報盡則離，當結佛緣，同念彌陀，同生淨土。」願「老師父」念念佛號，一路好走。

（左側直書）彩繪心靈‧法味的饗宴

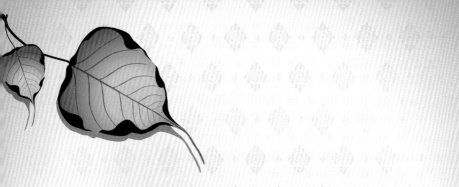

18

一家子的蟲

　　禪寺庭院種了一排「日日春」的小花，有一天用完早齋經過花園，哇！哇！蟲！蟲！蟲！綠色有大姆指大的「大蟲」，好…可…怕哇！怎…麼…辦才好呢？正在想方法解決時，看到一隻隻蟲正在剪「日日春」的衣裳，每一片葉子吃的僅存撐著葉子衣裳的「架子」。哇！超厲害的「剪裁」。上一排咔、咔、咔，下一排再咔、咔、咔，才一回神，居然葉子剪光光了。這麼冷的天氣實在不應該讓「日日春」受涼才是，但要做衣服卻來不及。

　　我接到禪寺植物園區「救救我」的電話，遠端聽到「日日春」說：「快感冒了！」的求救訊息，二話不說蹲下來，立即請出大拇哥、二拇弟、中三娘、四小弟、小妞妞出勤公務，結果只有「大拇哥、二拇弟」願意幫忙，其他的姊弟們，怕那身子軟軟的「大蟲」，都只是來看「大拇哥、二拇弟」哥兒們的。

　　捲起「中掛」的袖子，讓一直躲在裡頭的「大拇哥、二拇弟」出來表現技藝精巧的「手法」。「大拇哥、二拇弟！出來了，別再躲在袖子裡頭了，快點嘛！再遲了，一大片『日日春』就要感冒住院了啦！」大拇哥：「喔！…好…好！」二拇弟說：「大拇哥，您說好的喔！我可沒有說好喔！我…

我…我…怕…蟲蟲…啦…」想想「日日春」面臨的危機，兩兄弟決定出兵了。

「不…要…怕…」大拇哥說：「二…拇…弟…不…要…要…要…怕！」「摸…到…了…但…是捉不起來。」原來兩兄弟捉到「大蟲」的腹部，而「大蟲」有十隻腳，當「大拇哥、二拇弟」伸手捉「大蟲」腹部時，僅捉住「大蟲」四隻腳而其他六隻腳仍緊緊抱住「日日春」的枝梗。再使點力，卻發現「大蟲」正使出「米田共」的武器，「哇…哇…」二拇弟尖叫出聲。「二…拇…弟…不…要…要…要…怕…啦！我們是來捉牠們去『放生』的！」「哇！太…可…怕了吧！算了！我…捉不起來，乾脆將枝梗剪下來，將危機降到最低。」

深呼吸一下，一下子捉到十五隻「一家子的蟲」，趕緊放到另一個「草地」上。才一放下便又聽到「救救我」的電話。訊息在哪呢？嗯！喔！原來是大蟲在求救：「大拇哥、二拇弟，您們將我放在這我會死的！」想想：不行，如果「大蟲」沒有食物吃，而那些草又太老了，吃不下去怎麼辦？沒想到花了九牛二虎之力，最後還是懇請「日日春」慈悲布施一點「衣裳」給「大蟲」做食物，回頭安慰日日春：藉這個機會「感冒住院」休息一陣子，反正十天後它又能有綠衣服了。真是

太感恩了，「日日春」終究發揮菩薩精神，犧牲小我，無限期提供「衣裳」給「大蟲」一家子做食物。「大蟲」十天後，羽化成漂亮的「鳳蝶」，如果你希望能化身成蝶，那你就得忍受在蛹裡掙扎的痛苦過程，這樣才能成為美麗的蝴蝶展翅高飛。只要你願意付出做有意義的事，有一天你也可以站上自己人生的舞台。而現在未達到目的時的前行，一切都是成功前的暖身。

19

癩蝦蟆

　　森林中有一棵百年的大樹，樹雖然大棵，可是樹頭居然是中空的，而在六尺高的地方有個手掌大的樹洞。有人說是「啄木鳥」的家，好奇的我們拿起手電筒往洞裡探照，居然發現有一隻「癩蝦蟆」正在「禪修」，二人輪流上去看仍然如如不動。而「癩蝦蟆」是如何跑進樹洞裡，我們暫且不研究，而在燈光照射下牠如如不動，也沒有因為外在風吹草動的環境而受驚亂跳。

　　是的，光只是一種電能產生的能源，聲音只是「聲塵」產生的作用，「行者」內心遇到境界時，視外在聲音光影能如如不動嗎？能不能有「雁過空中空絕跡，花含鏡內鏡無心。」的定力呢？這是修道禪定的功力，有道力前，要有道心；有道念，才能不放逸。當然要有「一燈能除千年暗，一慧能破萬年愚。」的智慧加上宿世善根，還有這一世的精進不懈怠，才能體會到「菩提無樹無我無人觀自在，明鏡非台非空非色見如來。」的佛智慧。

20

一條牛的故事

　　一個因緣我們到了「印度」，到處看見了許多貧窮的居民。當我們手中的東西比外頭小孩要多時，我們心中就會想和小朋友分享。可是同行的甲師父說：「我們不能這麼做，給了他們東西，乞討便成了大家公認的工作，他們會愈來愈隨意糾纏旅行者，她們會愈來愈貧窮。」甲師父為我們說了一則故事。

　　師父：有一天我見到了一位婦女，手中抱著剛出生三個月的小孩，在街上和路過的行人要東西，口中念著南無本釋迦牟尼佛…南無本釋迦牟尼佛…南無本釋迦牟尼佛，用一隻手示意肚子很餓，師父慈悲請給我們一點東西吃好嗎？

　　徒弟：「然後呢？」

　　師父：「妳家住在哪裡？」

　　婦人：「我家在離城市不遠，一個鄉下地方。」

　　師父：「我可以幫助妳，供給食物給妳，但是不供給妳錢。」

　　婦人：「好的，這樣已經很好了。」

　　師父：「我買一條牛給你，而這一條牛每天都可擠兩桶牛奶，一桶拿去賣，另外一桶養一家大小。牛也會耕耘鬆土，你可以種一點蔬菜，等菜長大就可以拿到市場去賣。」

　　隔一段時間師父就會去關懷這一家，而要幫助一個人，要明了來龍去脈給她方法，師父以一條牛養活這一家四口，減少了社會、家裡問題，讓她在生活中學會成長，在環境中養活一家大小，這就要有智慧。

落幕，是為給下一場次做準備

彩繪心靈．法味的饗宴

　　每一種植物都有各自不同的繁衍方式，以便將新的生命散播到各處。為什麼會這樣呢？為的就是善盡孕育下一代的義務。而在櫻花園的「青楓」，種子在五月份開始形成，是槭樹科植物，種子有翅膀，所以我們稱為「翅果」，種子就像一部直昇機，以風作媒介以旋轉翅膀方式，將種子飄落到各處所。

　　這一天，當風揚起將「種子」吹落在茄苳樹下，在身上黑色大衣未脫下之前，「種子」會去哪裡？「種子」完全不知道，「種子」試著尋找棲息處所，希望藉著風再吹一回，一直等待想再飛起來。等了好久，始終未見到「風」的影子，當一切因緣不如預期時，只好留在這一塊土地上。種子落腳處是不是有因緣生根，或落在水泥地無法生存，這是無法去預知的。一但因緣很好遇到「土地、陽光、水」的因緣和合，種子生根落腳便從這個時候開始。

　　種子說：「當一陣風吹來，一夕間我離開了我的父母兄弟姊妹，成了孤兒。」
　　種子說：「我不認識周遭的朋友，我好害怕。」

種子說：「生活中我告訴自己，我雖然離開我的家人，也許這是我學習的另一個因緣。從現在開始我要好好經營自己的舞台，我要活下來。」

一個「階段」的結束，是另一「階程」的開始。「前頭」沒有結束，「後頭」無法定位。手中拿著劇場門票，當劇院開演時，要進場才能找到位子看到表演，如果手中拿著票，沒有親臨現場、人未到位，便無法欣賞劇情。人生沒有定位、沒有目標、沒有方向。茫茫然的人生和種子又有何不同呢？

希望在這一期生命，不要像種子一般茫然。在人生「落幕」前，必定要預約將來，所以今生每一場次，都是為今生及來生做最好的準備。更要明白，擁有雖是獲得，但別小氣一個人獨享；與眾人等一同受用，分享便是增值。如果能常保持「平常心」便能預約下期「生命」的角色，但是想要有一個好的角色，絕對要守護「身口意三業」的清淨，心常常存著好的念頭，口常常說好話，身常常做一切好事。

22

葉子落下來

　　師父：「小葉，歡迎你來到這個世間。」

　　小葉：「哇！有鳥在唱歌喔！耶！」

　　小葉：「嗯—我的葉子為什麼有點紅色呢？」

　　師父：「因為你是嫩芽呀！」

　　小葉：「我好怕大風吹我，我更害怕大雨滴在我的衣裳上，重重的雨勢讓我衣裳一直彎彎彎下來。」

　　師父：「小葉不要怕，再過一個月你就會長大，不用害怕。」

　　小葉：「為什麼地上很多黃色的葉子呢？」

　　師父：「因為葉子和樹幹的緣份已盡了。」

　　小葉：「師父是不是每一片樹子都會離開樹幹？」

　　師父：「是的，世間一切都是因緣和合而相遇，因緣結束了就會分離。」

　　小葉：「那表示我也會是嗎？」

　　師父：「當然，這也包括我喔！」

　　寄望將來不如「活在當下」，活在當下「就能擁有」；成長歷練過程，雖經歷了失敗，卻累積成功的果實。

23

南洋杉

　　師父：「徒弟，等等將『櫻花園』內的枯枝，撿回到『禪寺』的涼亭石桌放著。」

　　徒弟：「好的。」

　　師父：「你知道『枯枝』要做什麼嗎？」

　　徒弟：「師父，我不知道？」

　　師父：「你有沒有看到這二排的小樹？」

　　徒弟：「師父，有，可是這和『枯枝』有什麼關係呢？」

　　師父：「你再仔細看這些小樹是不是東倒西歪。」

　　徒弟：「是，師父是不是要用『枯枝』來扶小樹。」

　　師父：「你說對了，小樹會倒，是因為根部紮的不深，所以樹倒根摧。」

　　師父：「徒弟，你將南洋杉旁邊的側枝修剪一下。」

　　徒弟：「師父，南洋杉的枝葉有刺，我…不…要…剪。」

　　師父：「你還是全部將側枝修剪。」

　　徒弟：「師父，我修剪好了。」

　　師父：「現在用手一枝枝的撿到垃圾桶裡。」

　　徒弟：「師父，樹枝有刺，我…不…要…撿。」

　　師父：「你慢慢撿。」

　　徒弟：「師父，樹枝整枝都是刺啦，我…不…要…撿。」

師父：「你慢慢撿。徒弟，你看這是什麼？」

徒弟：「老南洋杉的葉子。」

師父：「這是老南洋杉的葉子，而全部都沒有刺，你知道為什麼嗎？」

徒弟：「不知道。」

師父：「同樣的樹是因為它已成熟、有歷練後才慢慢收斂尖銳的末端，不再讓他人一碰到就受傷。」

　　我們其實就像小棵的南洋杉，樹枝整枝都是刺，必須經歷林林總總的磨合，才能磨成形。樹倒了必須有園丁來扶正，才能長的正。人生旅程跌倒了，要有善知識扶持，才能站起來。一回回的調整步伐，才學會收攝自己的身心，學會什麼叫「內觀」反思。未遇到善知識時，我們無法掌控我們的情緒，遇到逆緣只會發脾氣，有時連一點芝麻綠豆的小事，都可以讓我們生氣好多天。這就是沒有智慧，才會讓自己心失控，因為不會愛護自己，才會讓自己受傷。無論做任何事都要用心想一想，便能從過程中學習成長。

彩繪心靈‧法味的饗宴

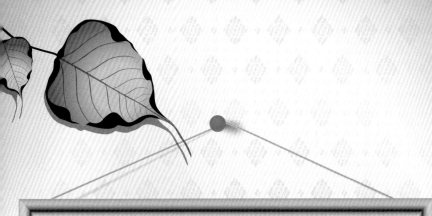

24

別 有 洞 天

彩繪心靈·法味的饗宴

　　乙師父十一年前從一位賣「僧服」商人手邊，買下了一套「僧服」，從這一刻開始「僧服」便有了新的主人，「僧服」每天和「道人」朝夕相處經過了數十寒暑。「僧服」是消耗品，主人雖然小心照料，但無論如何照顧，而時間久了，也敵不過精勤鐘擺，時間一天天的磨損。一直到有一天，發現了一個小洞的開始，主人便想找人來協助趕緊修補「僧服」的破洞…，但諸事種種因緣的不俱足，一拖再延的小洞竟然成了大大的洞…惜福的主人還是不捨棄，直到有一天…甲師父經過曬衣場…發現了「褲子」有一個洞…經過二天，甲師父又經過了曬衣場…

　　甲師父：「嗯！『洞』有比較大哩！」
　　甲師父：「等下課再說好了。」
　　這一天甲師父上午沒有課，便跑來找乙師父，指著乙師父的「褲子」說：「乙師父，您有這種咖啡色的布嗎？」
　　乙師父：「有，但是不多」。
　　甲師父：「我每次經過曬衣場，就看到那一個洞。」
　　乙師父：「嗯！」
　　甲師父：「乙師父，我跟您說，我還沒有出家的時候，看到衣服破了洞，我就不要它了，但我看到您的褲子破了洞，

您還一直穿它，我覺得自己很慚愧哩！乙師父好惜福。」。

乙師父：「我們受佛恩澤、受信徒供養，點滴都要惜福」。

甲師父：「乙師父，謝謝，說的是。」

而甲師父未入佛門前就擅長於修補，而這回褲子「別有洞天」的「洞」就在甲師父的巧手中，一針一線的縫紉中完好如初。

發現破了洞的褲子，就要立即來修補，不然經過一段時間就會磨損，「洞」就會愈破愈大。《法句經》中提到：「勿以善小而不為，水滴雖然，漸盈大器；勿以惡小而為之，水滴雖微，滴可穿石。」其實微乎其微的習慣性小事，是造就大善的主要原因。反之微乎其微的不善習慣性惡事，是造就大惡的主要原因。而每一個人都有好及不好的習氣，如果在不理想處不守護及改善，一但日積月累便如一座溢洪道，超過飽和點便如一座水壩，超過安全容量便成了負承載，必然會潰提。如同《韓非子·喻老》中提到：「千丈之堤，以螻蟻之穴潰；百尋之室，以突隙之煙焚。」功歸一潰，如此怎麼可以不慎重，守護我們的心念呢？

25

好 話 順 耳

　　無論是世間人或修行者，為面對日常生活種種都是要修心，而後調整我們的身口意。修心就是要有「智慧」，並加上「慈悲」，如此講出來的話，自然讓人聽的很順耳，當然說說是容易，做起來就很難了，這就是學習的功課。但無論如何，當我們遇到一件讓心很「苦」的事時，儘量不要讓這個苦擴大。那要如何做呢？先沉澱一會、換個環境，舒緩一下再啟程。

　　「苦」為什麼呢？只因我們內心的「百寶袋」裡找不到對策的武器，應該學習的功夫還沒有到位，所以面對境界的當下便容易起心動念。假設「一個人」單獨生活，便沒有人可以與他互動，無法驗出個人修行道力。而生活在一百人以上的大團體，每天每一時刻都有許多要磨合的，似乎每天都像坐在考場一樣。其實明白一切都是有因有緣的，如果沒有因緣為什麼他人要出題測試我們呢？一切都沒有意外的一件事。

　　我們希望一切如意，而要如何才能如意呢？有一首如意偈：「如意如意，百事如意；人有人意，我有我意；合得人意，恐非我意；合得我意，恐非人意；人意我意，恐非天意；

合得天意，自然如意；如意如意，百事如意。」是吧！

　　要想順耳就自己要學習講愛語，布施「愛語」和他人結善緣。一句鼓勵士氣的話，能給他人增添信心添加勇氣，即使處於寒冷的冬季也感到溫暖。無法掌舵自己內心的「自我」，說出來的話即使春暖和風的天氣，聽起來就像寒冰雪地。所以在《增廣賢文》中提到：「好言一句三月暖，話不投機六月寒。」就是這個道理。

26

師父：「徒弟，等一會用過早齋後，將後山南洋杉底下，『麥門冬』旁的雜草拔一拔。」

徒弟：「師父，好的！」

師父交待了徒弟後便到寺務處辦事，等用了午齋後才想到徒弟出坡的事情，便以散步的心情走到後山。走近瞧瞧哇！原來徒弟分不出什麼是雜草和種的植物，居然通通拔起來，師父立即去找徒弟來…

師父：「徒弟你知道…你做了什麼事嗎？」

徒弟：「師父不是叫我拔草嗎？我就將所有的草給拔起來。」

師父：「你將園藝種的『麥門冬』給拔光光了，現在去找回『麥門冬』並且將它種好。」

徒弟：「師…父…我…不…會…種。」

師父心想徒弟既然不會種那就自己種，徒弟去堆肥區找到了「麥門冬」分別裝在二個塑膠桶子裡。徒弟從桶子裡一棵棵拿給師父，師父拿著鏟子一棵棵種回去，從下午六點種到晚上天黑七點鐘…

徒弟：「師父天黑了您還要繼續種嗎？」

師父：「嗯！」

徒弟：「天黑看不清了為什麼還要種呢？」

師父：「今天的工作今天做完。」

徒弟：「師父您好厲害，天色那麼暗了您還看的到。」

徒弟：「師父您上輩子有點『光明燈』，這一輩子都沒有障礙。我就是沒有點光明燈，才會分不清楚雜草或是我們種『麥門冬』的植物。」

師父：「嗯！我倒覺得徒弟你變聰明了。」

原來徒弟的「無心」，而在一個意外中延伸另一個體會。在生活中每一個人的「覺性」，有時候是在人事磨合中，了解糾葛的那一點而心開意解，釋放了陳年的過節。有的人是在不經意中，那一份的「直心」中體會了禪機，而說的人並不覺得這是一個道理，而只是覺得平凡不過如此，也沒有什麼特別的。有的人是在大自然淨化身心中，舒張無形的壓力而獲得平衡。所以無論你是那一項的思考模式，只要讓自己每天很開心，每天正向思考就是給自己光明，同時給他人光明，就是一個善待自己、善待他人的好人。

27

做自己的主人

　　請大家布施您的「雙手」借我一下，和我一同做一個動作。請伸出您的「左手」，再伸出您的「右手」，好！給我們自己一個「愛的鼓勵」，這一個掌聲是您給「自己」的信心鼓勵，同時也是您給我的掌聲。在這一個當下，我們做到自利又利人的布施，原來這一個小小動作就能做一件善事，累積善的因緣、種好的種子。您是不是覺得自己很不錯？如果「是」，再給自己鼓勵一下。「做你自己的主人」，「你」是第二人稱，將「你」改成第一人稱「我」，就是「做我自己的主人」。「你」是「我」對你來說的。為什麼要做「自己的主人」呢？我們的「想法」決定了我們「未來」，我們的「念頭」和說出來的話，就像種子散播在田園。

　　在佛教經典「唯識學」提到，也就是說現實生活行為造作，都是因為「念頭」指使所致。身體的造作這個叫做「種子」，「種子薰現行，現行薰種子。」如果是「善行」就長出「善的果子」。要是「煩惱」必然長出「不善的樹種」。不知道大家是否明白或想過：我們有沒有真正當個「好園丁」種下優良品質？講白一點：

　　我們「尊重」自己嗎？

　　有真正當自己的「主人」嗎？

有護念自己的「善根」嗎？
而到底是誰來「傷害」我呢？
我又為誰而「存活」著呢？
如果自己都無法「掌控」自己身心靈，誰才能呢？
我們為什麼要活在他人的「影子」底下呢？
為什麼常常拿他人的「過失」來懲罰自己呢？
為什麼老讓自己「不開心」呢？
到底為什麼？為什麼？給大家去思惟一下。

要明白：「我們的生活態度，反映出我們對於生命的感受。」許多的問題，是我們不敢去面對而裹足不前。「法不孤起，依因待緣。」事情的發生都是有因緣的。而「遇到任何事要淡定，用多層面角度來看待。」切莫只看一個角度，而忽略其他細節中的樞紐。

「烏龜」因為「伸出頭」才能前進。而我們要如何才能前行呢？就是遇到事情「面對、接受、處理、放下」，更要「前腳走，後腳放。」這是前進的因緣，但那最大的動力還是要有「信心」、「精進」做為動力，有心才能給自己無限的力量。假設沒有妥當調整個人心理的問題，必然如同滾雪球般，只會愈滾愈大，傷害自己傷害別人。

「平凡和不平凡之間的差異，在於多一點點『付出』。而『快樂』，是生活的方向，而不是目的地。」因為世間無常的變化，我們無法掌握未來，但是我們可以活在每一個當

下，每一天都是特別的日子。一分鐘有 60 秒，乘 60 分鐘，等於一小時有 3600 秒，再乘以 24 小時，等於 86400 秒。「時間銀行」每天給我們同樣的時間，給我們學習機會。希望你我都能充份利用每一時段、每一分鐘、每一秒，因為時間不會重來，我們扮演的劇本不會相同。

「人生中許多的看法，其實是緣由於生活習慣的養成。」請拿出一張白紙、一支筆，如果我這一張潔白的紙，畫一「點」而這一張白紙上你看到什麼呢？出現了什麼？給大家兩秒的思考，好，時間到。選擇「黑點」的人請舉手，而選擇「白紙」的人請舉手。

這是一個心理測試，無論你選擇那一個答案都沒有錯，這就是每個人思考習慣性的問題、思考角度不同便會產生不同的物理變化。如就「黑點」來說明，它可比喻為人的缺點，那是站在我們個人立場，就是有相對的看法而言，而對一個藝術家來說，它是一個藝術的開展。我們和他人處不好，因為我無法接受他人的個人「特質」，所以生活本身要有勇氣面對生活中各種情況。「藉由改變心理態度，改變自己的心意。」只要我們內心有智慧，任何一件事皆能迎刃而解。

請各位再跟我做一個動作，請伸出你的手緊緊握拳 20 秒，時間到！大家有什麼樣的體會呢？很不舒服對不對？原來「得到」是這種感覺，當你放手時就是「捨」的感受，當你緊緊握著手時什麼也得不到，但當你放手時空氣都在你手上。我

們真正要體會的是什麼叫「中道」？什麼叫捨得？原來在我們手掌就能體會到佛法，原來佛法是如此生活化。

這一生的腳本是上一輩所寫，而這一生無論滿不滿意總是會演到曲終人散。而現在的我們正在寫下一生的腳本，希望來生有更美好的人生，就在這一當下「說好話、做好事、做好人！」活得像個「人」的生活。雖然「人」字好寫，但是能當人不容易，無論如何都要當「自己的主人。」世間遇到的種種絆腳石，是我們人生中的墊腳石。如果我們無法在這節骨眼中努力，我們便停在「原地」，而要一直到我們跨越這個「絆腳石」才能有進展。人生中不如意的事十有八九，但只要你給自己信心，你便能當自己的主人。

煩惱，是自己給自己的。話怎麼說呢？有一則故事，在課堂上老師說：「各位同學，如果你不開心時，就背一個石頭；『事情』如果愈不開心就背愈大的石頭。日子過了七天，一名同學已背了一大袋石頭了。「老師！老師！石頭好重喔！」老師要他放下，當他放下時，突然覺得好輕鬆。是的！石頭代表我們的煩惱，如果你懂得放下，我們便不會迷失自己。

當今為什麼有許多文明的病，其實大都出在內在心靈這一區域生病了。將「門」放一個「心」進去，請問各位是什麼字呢？對了！就是「悶」字。而將「一」放在中間是什麼字呢？對了，是「閂」，封閉的屋子看不到美麗的花卉，是吧！所以大家要明白，再高明的醫生只能救活要「活」下來的人，

彩繪心靈・法味的饗宴

如果自己「不想活」，再高明的醫生都沒有用。不要傷害自己，要當自己的主人。不要因為我們個人的種種因緣，而傷到周遭最關心我們的父母、師長、好朋友們，因為他們是無辜的，我們不應該自私，而去傷害最關心我們的家人及朋友們。所以在人生的舞台要盡力演出，如果「今天我自己不努力，便放棄了自己的舞台。」跌倒的時候要自己爬起來，只要有一片天，便有一個舞台，只要去彩繪生活畫布，生活畫布中便有藍天白雲，有各種的色調，才能讓我們充滿豐富人生「做自己的主人。」

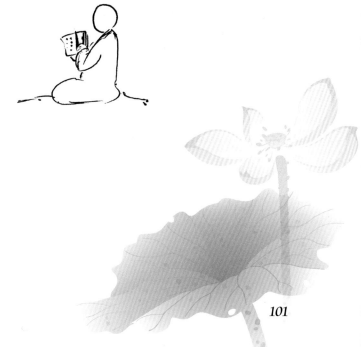

28

寺院來隻小貓咪

平靜的寺院不知道什麼時候來了一隻小貓咪，脖子上還掛了一個項圈。寺院裡年紀最小，才13歲的小師父，看到牠的出現，欣喜雀躍，不停的說：「師父！我跟您說，我看到了一隻貓咪喔！我已經為牠準備一個紙箱做牠的窩了。剛才在教室裡頭，貓咪一直叫，我和師兄們給牠吃餅乾，結果牠就一直跟著我。」

小師父話還沒說完，我便看到小貓咪慢條斯理的出現在「大寮」（煮飯菜的地方）。

小師父一回頭：「哇！師父就是牠啦！「喵！喵！喵！一直叫，師父，今晚可怎麼辦？我為牠準備的窩沒有回去住，今晚牠要住哪裡呢？我可是要去睡覺了耶！師父，天氣很冷牠會不會回去睡覺呢？」師父看著徒弟說：「放心啦！」「真的嗎？」「是囉！」

第二天早上四點，大眾準備到講堂做早課，卻遠遠就聽到小貓咪「喵！喵！」的聲音，不知道是不是要來和我們一同做早課？牠一直在方丈進出的正門口等待，當眾人進堂時，雖然聲音變小了卻仍然不改本性「喵！喵！」一直叫。一位

師父走過去和小貓咪說：「不要吵了！」結果牠居然跑了。可是六點早齋時，牠又出現在齋堂穿梭著，只是一回頭又不知道跑到哪了。

七點方丈來到教務處，「嗯！怎麼會有一個紙箱子呢？」小師父就向方丈報告昨晚遇到小貓咪的整個情況。方丈說：「你有悲心是好的，你的用心我可以感受得到，但是小貓有牠的生活方式，牠不一定能感受到你對牠的付出。修道上也是一樣，師長對我們無私的付出，我們會覺得是多餘的，我們有自己的想法和做法，一旦師長的理念和我們個人的想法不一致時，便會在內心中生起無明的煩惱。所以我們做任何一件事一定要有智慧，不明白的地方要隨時請教師兄或師父，每一個人的成長都需要有善知識，世間人說是要有貴人。你還小，今天能有這個悲心很難得，但處理小貓咪這件事還是交給師兄們去辦，你就安心吧！」

小師父年紀雖小，卻有著一顆天真無邪的慈悲心，把小貓咪當做朋友，當小貓咪沒有東西吃時，會將自己的食物拿出來和小貓咪分享；自己要睡覺時，也會擔心小貓咪沒地方睡覺。眾生都有各自的業緣，要明白世間一切皆是緣起，會產生變化的，「當我們弄清楚問題的當下，也正是解決方法到位的時候。」我們要與眾生結善緣，因為「創造因緣便是改變因緣，善緣與惡緣只在眾生的一念間。」

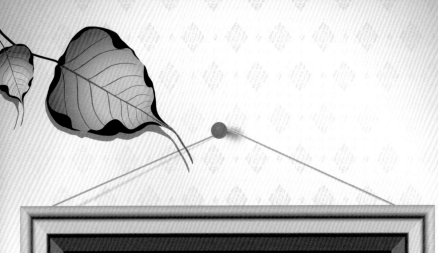

29

考試的煩惱

彩繪心靈・法味的饗宴

徒弟：「為什麼我就要承受這麼大的考試壓力？」

師父：「你說看看，你有什麼壓力呢？」

徒弟：「師父！我不要考試啦！」

師父：「為什麼呢？」

徒弟：「讀書，我都讀不來。」

徒弟：「師父，我對讀書沒有興趣啦！」

徒弟：「我每次很用心背，可是一到考試的時候就又忘光光了。」

師父：「嗯！那挺不錯的嘛！」

徒弟：「師父！我考試有壓力都起了苦惱，師父您還取笑我。」

師父：「徒弟呀！你就將煩惱當作考試的壓力忘掉，不就很好嗎？」

徒弟：「嗯！」

師父：「背書，背了一星期，一考完試就忘了一乾二淨，不然就是記不起來，徒弟，因為在你心中沒有興趣讀書，早就有先入為主的觀念，再說！關著門說要進門哪有可能呢？」

徒弟：「嗯！」

師父：「將你內心中那一道門打開，自然就會改變所有因緣了。否則學習淨化我們身心的法寶都無法入住我們的內

心，而不要的苦惱就輕輕鬆鬆進入我們的心房。」

　　師父：「什麼是該放的？什麼是我們應該把持的原則呢？」

　　徒弟：「嗯！我其實很想好好學習可是…很難哩！」

　　師父：「考試只是測試你所學的了解程度，而學習態度是屬品格教育，如果連最基本的學習態度都無法調整，是很難有所成就，因為你所作所為都會回到你的身上，努力不足必然無法獲取成果，這是必然效率喔！」

　　徒弟：「師…父」

　　師父：「自我意識太高，就像裝滿了水的杯子是無法再裝下任何東西，為學只有一個字『勤』，也就是精進不懈。」

　　徒弟：「師…父…我…知道我錯在哪了啦！」

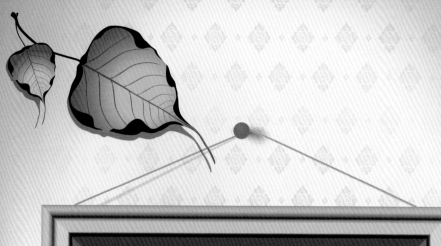

30

吱吱喳喳的白頭翁

　　不知道為什麼今年的冬天特別的冷，已經好多天都是寒風刺骨。突然今天好天氣，寺院做完早課用完早齋，已是六點四十分。離寺院不遠的地方有一座森林叫智慧林。師徒兩人帶著愉悅心情，從寺院走過馬路穿過羊腸小徑，路過一支支電線杆，而電線杆上方有兩隻白頭翁吱吱喳喳交頭接耳講話哩！

　　徒弟：「師父，今年冬天特別的冷呀！」

　　師父：「嗯！」

　　徒弟：「師父，哇！好多天沒有看到太陽了，今天好天氣，我們一同去智慧林好嗎？」

　　師父：「好！」

　　徒弟：「師父您看電線杆有兩隻白頭翁吱吱喳喳喔！」

　　徒弟：「師父我跟您說左邊那一隻叫吱吱，右方那一隻叫喳喳。」

　　師父：「嗯！為什麼有名字呢？」

　　徒弟：「我取的啦！師父您聽看看，牠們是不是吱吱喳喳在講話呢？」

　　師父：「嗯！」

　　徒弟：「我覺得吱吱向喳喳說：今年『中壢』冬天很冷，

明年要到其他不冷的地方避冬天。」

　　師父：「我覺得吱吱問喳喳：『你可以飛多遠？』」

　　師父：「喳喳說：『我可以飛過一畦稻田。』」

　　師父：「吱吱又問：『我們如何才有一片的天空。』」

　　師父：「喳喳說：『你只要努力的飛，自然就會有一片的天。』」

　　師父：「徒弟，其實我們都有一片的天。」

　　徒弟：「師父我們又不是吱吱和喳喳住在樹上，飛過一畦稻田，越過高山哪來的一片天呢？」

　　師父：「徒弟呀！大小在於心量，如果『胸懷大志、腹有良謀，就有包藏宇宙之機、吞吐天地之志者。』」

　　徒弟：「師父這是什麼意思呢？」

　　師父：「徒弟呀！這個是說明『一個人的心量有多大，法界就有多大；發心有多大，未來的果報也就有多大。』」

　　徒弟：「師父！那我也要做有心量的人。」

　　師父：「嗯！『量大福大』，心量如果很小，要積福就不容易了。」

　　徒弟：「師父！為什麼呢？」

　　師父：「因為一個人做任何一件事，利益當頭第一個想到自己，是很難容納他人的，自然他也是會有一片天，但是他的天是晴時多雲偶陣雨。如果我們能廣納賢才我們就有晴空萬里的一片天。」

　　徒弟：「喔！師父我了解了！」

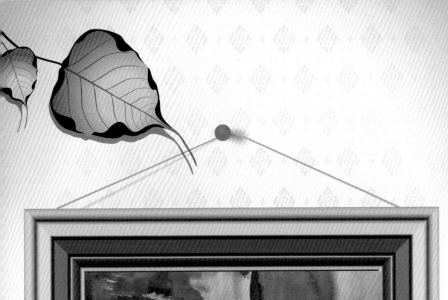

智慧石

彩繪心靈・法味的饗宴

　　就在挖水池的那個時候，一顆圓圓拳頭大的石頭，和其他大石頭一起在翻動時從地底下來到這個世間，還來不及弄清楚來到什麼位子、什麼地方、日後的去向，正準備找個晴空萬里好心情思索以上問題的時候……

　　師父：「這一個石頭，長得很特別，圓圓的。」

　　徒弟：「師父，您手上是什麼東西呢？」

　　師父：「石頭！」

　　徒弟：「為什麼您握著這一顆石頭呢？」

　　徒弟：「師父！請給我看。」

　　師父：「嗯！」

　　徒弟：「好圓喔！」

　　師父：「這一顆石頭雖然長得小小的，但它帶來的啟示是很深遠的。」

　　徒弟：「師父！您說。」

　　師父：「如果今天我撿到的，是有稜有角的石頭，你會喜歡嗎？」

　　徒弟：「我才不要，有稜有角的石頭，讓我感覺很不舒服，一看就不喜歡…」

　　師父：「徒兒呀！這顆石頭是圓的，你賞識它、喜歡它，

這個石頭若是有稜有角你就排斥它。你要明白：稜有角是角度的不同，總是有個切面可以用，但這必需要經過不斷的磨合才能成形。」

師父：「所以說，為什麼我們要和大家共事、共處？目的就是希望大眾從生活中，調整我們自己的方位。常為他人著想，為大眾事發心、用心去參與，在人群中學習互相尊重，在獨處時學會自重。」

徒弟：「師父！我明白了。」

師父：「如果說人生是一場戲，劇情總是有主角及配角，什麼時候該上場、誰是鎂光燈焦點，如何在舞台上表演得淋漓盡致，都有一定鋪排程序的。可是就是有些人，常常拿錯戲服上錯台面，因為不是自己的戲份就容易忘了台詞無言以對。」

徒弟：「那怎麼辦？」

師父：「如果一個人，無法在人生的舞台上找到定位點，便容易隨波逐流。無法和他人共事，常惹煩他人、惹惱自己，這就是有稜有角的石頭，無法柔和善順。徒兒呀！你想想他會過得快樂嗎？」

徒弟：「師父！他當然不開心。」

師父：「那如何才好呢？」

徒弟：「師父，我知道了，您希望我做任何事都能夠圓融，能為大眾發心，隨時主動去付出，從生活運作中學習他人的精華，修補自己不足的短處，也就是做中學、學中做！」

師父：「要像這一顆石頭，長得圓圓的，人見人愛，要受他人賞識前，第一要學會付出，只求做的比人家多，不計

較他人付出的少，才能從經驗和學習中造就成長機會的。」

　　師父：「徒弟呀！拿起『放大鏡』，看到他人的優點而學習。拿起『望遠鏡』，看到他人的缺點，而做一個警示。拿起『顯微鏡』，看到自己的缺點而改善。唯有放開心胸才有前瞻性，千萬別短視近利，只圖眼前對自己有利益的事。」

一顆『智慧石』，帶來一個無限學習空間，給眾人另一番的體會，生活中的任何東西或事物，如果用心去觀察，便會獲致豐沛的智慧泉源。

彩繪心靈・法味的饗宴

道無古今，悟在當下

彩繪心靈·法味的饗宴

　　生活中，總是有很多的問題有如試卷在考驗我們，而我們也如學生一般，各依不同的需求、不同的年級一一作答。我們沒有拒絕的權利，因為我們選擇做人，做人的角色就有他的腳本，而這生活中的大大小小細節，只要承擔必能練達成為一名成功的人。

　　「愈是艱難的處境，愈能散發生命清香與甘醇。」要相信自己能做好每一件事，一個人的成功與失敗，自信是成功的基石，唯有自信才能接受種種的挑戰，唯有信心才能勇於面對困難，唯有毅力才能堅持貫徹始終。

　　李白〈把酒問月〉詩：「今人不見古時月，今月曾經照古人，古人今人若流水，共看明月皆如此。」要用心體會「道無古今，悟在當下。」

33

茄茉菜

　　寺院青菜的來源大致上分為二種：一種就是擔任「庫頭」職事的師父負責採購，另一種就是居士家中種植送到寺院供養常住，所以日常生活中有時會吃到叫不出名字的蔬菜。

　　吃了菜卻叫不出名字，的確讓人覺得不知道如何是好。一天一名居士送青菜到寺院。

　　甲師父說：「乙師父、乙師父，您快來啦！」
　　乙師父說：「有什麼事呢？」

　　乙師父緩緩從法堂走出來，看看甲師父的表情，好像有話要說又說不出來的感覺。

　　甲師父說：「乙師父、乙師父，您快來啦！這是什麼菜呢？」
　　乙師父說：「嗯！這個嘛！」
　　乙師父說：「嗯！這個叫什麼菜呢？」

　　乙師父東想想西瞧瞧，這到底叫什麼菜呢？嗯！才一會工夫，乙師父的嘴角稍稍的往上揚，似懂非懂、似知非知的說……

乙師父說：「我知道這個菜叫什麼名字了，台語好像叫『溝沒哇』茄茉菜！」

甲師父說：「嗯！溝沒？有這種菜哩？」

一天，「庫頭師父」便將這俗稱「溝沒哇」的菜煮來供眾，大眾的反應覺得這剛採的蔬菜真的很新鮮，一直稱讚好吃，要「庫頭父」寫個簡訊告訴居士說他的菜好吃。簡訊內容如下：「某某居士，青菜溝沒哇好呷！」而這一天送菜的居士看一下手機簡訊，嗯！心裡難過起來了，「青菜溝沒好呷！」「青菜溝沒好呷！」覺得真的很不好意思，一份心意而讓師父們起了苦惱，青菜溝沒好呷！真是的……這樣的心情過了一星期，遇到師父，便當面向師父道歉。師父一時惘然，心想：怎麼回事？

居士說：「師父很不好意思，那天送來的菜給常住帶來苦惱，真的很失禮。」

庫頭師父：「嗯！我不是說青菜溝沒好呷！嗎？」

居士說：「就是，青菜溝沒好呷」

這時庫頭師父明白了，原來是整句話少了一個逗點，「青菜溝沒，好呷！」

「語言」是溝通的工具，但如果雙方採用不同頻率的語言來溝通，就會產生溝通不良的現象。但不要怪溝通不良，有時生活幽默一下，可以為緊湊步調做緩衝。

34

動 一 動

徒弟：「師父，我跟您說，那個木工來我的寮房。」

師父：「我知道你的上床壞掉了，請木工來修繕。」

徒弟：「是的，睡覺時會搖晃。」

師父：「人家幫我們修好，不是很好嗎？」

徒弟：「是的，師父是不是有人要住進來呢？」

師父：「那就等待安排了。」

徒弟：「可是我不喜歡，他人住在我上頭。」

徒弟：「人家住在上頭，動來動去我會睡不著覺。」

師父：「不然，你住上頭。」

徒弟：「不要。」

師父：「要你住上床你不喜歡，而住下床你怕人家動來動去睡不著覺。」

徒弟：「嗯！」

師父：「你要很感恩有人要和我們共住，而你可以和他人可以互相照顧。你嫌人家會動來動去，你不開心而生起苦惱、擔心，這樣不是很好的。」

徒弟：「嗯！」

　　生活就是成長的空間，尤其是住在大叢林裡，我們更不能因為個人的想法，而去決定那些事我想做，那些事我不喜

彩繪心靈・法味的饗宴

歡。缺點，其實只是做事方式不同，生活背景不同，所以無需斤斤計較，那怕真的犯了錯或者習慣的不同，也要給他人改過調整的機會。當我們不喜歡他人時，正在蘊釀一個負能量，所造成的結果會比現在當下更需要提昇。所以凡事往好處想，便能招感善的種種因緣。

35

實 況 轉 播

　　各位看官大家好！現在這個時候現場要直播，直播的節目不是美國 NBA 籃球賽，而是「人生劇場」，嗯！這到底是什麼樣的表演節目呢？這是一個無法重新彩排的舞台劇，也沒有機會重來的表演節目，特別說明絕對沒有替身，而且是真人真實演出的故事。

　　我們沒有拒絕角色的機會，只能一拿到「無字腳本」就上場，劇情內容唯有自己能掌舵。表演人生舞台，大家都是「主角」，所以隨時都要屏氣凝神投入，才能演的唯妙唯肖「栩栩如生」。不要羨慕他人的角色、不要有計較心、苦惱心、抱怨心、憂鬱心、不安心、害怕心……等，因為負面的劇情，很難讓「觀眾」接受，就像烏雲密佈的天氣讓人有種悶悶的感覺。陽光普照，萬里無雲，晴空萬里讓人覺得很舒適。

　　我們每一天生活作息，都是「這一期生命現場直播其中的片段。」你是主角同時也是擎天駕海的導演。別質疑自己這一份的能力，如果沒有這份能力，如何能讓自己站在這個舞台上演出呢？原則上就是要相信我們站在這個舞台上的事實。善用這一生，因為這一生不會很長，就只有一期而已。更要好好善待我們周遭的人，因為我們不知道下一期生命是否還會再相遇。

36

觀世音菩薩

有許多人不知道為什麼「觀世音菩薩」要手拿淨瓶，有一天，師父和徒弟走到「觀世音菩薩」聖像前，為徒弟說明……

師父：「徒弟你站在香爐前看著『觀世音菩薩』。」

徒弟：「好的。」

師父：「你看到什麼？」

徒弟：「我看到『觀世音菩薩』在看我。」

師父：「那還看到什麼？」

徒弟：「我看到『觀世音菩薩』手拿著淨瓶。」

師父：「你知道『觀世音菩薩』為什麼要拿著淨瓶嗎？」

徒弟：「不知道。」

師父：「淨瓶內裝甘露水，菩薩將甘露水灑淨人間，主要的意思就是要眾生，能獲得清涼而離苦得樂。」

徒弟：「師父的意思，就是要我和菩薩學習是嗎？」

師父：「是的。」

徒弟：「那為什麼有的『觀世音菩薩』是拿念珠呢？」

師父：「那你有什麼樣的想法呢？」

徒弟：「我在想菩薩，是不是要我們多念佛號呢？」

師父：「一般人認為配戴『念珠』保平安，但是就是不知道帶著念珠有什麼意義。」

徒弟：「師父請您開示說明。」

師父：「有一種說法就是『弗誅』就是要慈悲不能殺生。這個殺生不單是眾生的生命，凡是一切沒有生命。如我們生活周遭中使用的桌子或椅子等，給予護生不破壞不浪費就是慈悲心，破壞或浪費就是殺生。

而配戴念珠或著數念珠，有提醒道人或學佛的人，隨時隨地要提起正念。手持念珠如同佛陀或菩薩親自賜給我們平安，讓我們安心的不會恐懼，數數念珠就如同禮念諸佛一樣，感恩而念佛。」

師父：「你這下明白了沒。」

徒弟：「了解了，原來念珠不是戴好看的，原來是做功課用的。」

去思惟所求何物？如果你心安會祈求嗎？既然心安就平安何用求？如果不安？就應該想想什麼事讓我們不安？我們在佛菩薩跟前祈願當下，也要具足自信心，這一份自信心是讓我們邁入下一步的動力。如果沒有動力，很難從跌倒中站起來，諸佛菩薩有再大的能力也無法扶助我們。所以信仰是心靈的昇華，內心世界的灌溉，自我意識方向目的指南針。

彩繪心靈・法味的饗宴

37
魔 術 瓜

　　不知道什麼時候開始，當人們遇到棘手的「事情」時，都不期而同打起「太極拳」。世間人老記不起拳法口訣，乃編了一套詼諧的順口溜：「一個西瓜，剖成兩半，一半分給你、一半分給我。……」意思也就是說：將「事情」推給他人。人一但遇棘手的事，心情就會隨著「喜怒哀樂」的變化而高低起伏。其中一種因心情變化而「面相」難看如「苦瓜」的，故稱之為「魔術瓜」。

　　「木瓜樹」長大了，生了大大小小的腫瘤——「木瓜」，我們是笑逐顏開的接受。而遇到「愁眉苦臉」的「苦瓜」真的不知道下一個步驟要如何做？蔬菜的「苦瓜」是降火解毒，而我們自家的「苦瓜」是既不能吃、又不能看、他人也不買單—我們何苦如此對待自己或他人？

　　「境界」的考驗一來，我們的「心」就隨著「業力」的風，吹向業感相契的地方。這就是世間人所說的「障礙」！「不順暢就是有阻撓，有阻撓就會延誤前進。」這個「魔術瓜」既然會變化，也就表示我們也可以將它變化成「蘋果」。《華嚴經》中提到「心如工畫師，能畫諸世間。五蘊悉從生，無法而不造。」從這明白：「心念」的「念力」是很重要的「沒

有任何力量比言語和觀想更大。」所以希望每天吃到好果子，就要努力耕耘心中的良田，守護「身」（農夫）不犯過失、「口」（精勤種一切植栽）謹言慎行、「意」（積聚善法種子）儲藏聖種。農夫只要每天照顧好自己家中這一塊良田，時節因緣到了必然會是滿園子的智慧果。

38

遠見，是造就成材的因緣

　　或許你我曾經有過的經驗，看到很特別及很有造型的樹，我們會很想將植栽買來找一個地方種，為的是能隨時看見它們的成長。有的人種樹是為了造林，有的人則是因為心靈上的需求，總是有很多的理由告訴我們：他為何做這一件事情。但無論如何，最初的動機是很重要的。

　　乙徒弟想：「嘿！這楓樹很美喔！」

　　乙徒弟想：「不妨買回去寺院種。」

　　乙徒弟想：「到底要種在哪呢？算了！隨便種啦！反正還那麼小。」

　　徒弟看到園藝店裡有大小十株楓樹，便和老闆說要全部購買下來。買回來之後，就隨興種在寺院的花園裡。十年過去，隨著時間的增長，樹長得很茂盛，但當初是想到哪就種到那，並沒有為樹做「十年樹木」的規劃，所以造成花園空間的不足，必須重新做一個調整。

　　有一天，負責管理園藝的甲徒弟貼出公告：「三天內要將寺院的樹木及花草做全面性的規劃，如果有私人種的花草樹木請自行處理。」三天後……

師父說：「甲徒弟，三天時間到了，你就放手和園藝的工作人員一同去處理吧！」

甲徒弟說：「是的，師父，依教奉行。」

甲徒弟說：「園藝老闆，請你將這些樹斷根，待年底找個地方種植吧！這些小花小草就種到那個角落好了……」

乙徒弟跑來和甲徒弟說：「這是我種的楓樹，要搬到哪？」

甲徒弟說：「我聽師父安排！」

「可是那些都是我花錢，從很遠的地方買回來的，還有人家發心寄養的，可不可以不要動呢？」

甲徒弟想想：「到底要不要動工呢？」

乙徒弟說：「拜託啦！」

甲徒弟說：「我去向師父報告，看如何處理。」

甲徒弟說：「師父！我應如何處理私人的樹種在三寶地的問題呢？乙徒弟說樹是他買回來的，還有人家發心寄養的，可不可以不要動呢？」

師父說：「甲徒弟，你去將乙徒弟找來吧！」

師父說：「甲徒弟、乙徒弟！寺院不是我們個人的，任何一棵樹或小花哪個不是人家供養佛法僧三寶莊嚴道場的？」

師父說：「乙徒弟，你發心莊嚴寺院，是一份好心，但是當初沒有用心詢問相關人員將樹放對位置，才會造成如今景觀上的問題。」

乙徒弟說：「嗯！」

師父說：「乙徒弟呀！你知道樹種在寺院用的是常住的水，種的是常住的土地，哪個是你的呢？那有人發心提供他

人植栽，種植久了反佔用他人的土地的呢？」

乙徒弟說：「嗯！這個……」

師父說：：「乙徒弟呀，我打一個比方，一般世間人如果種果子會種到哪呢？」

乙徒弟說：「嗯！這個……當然種在自己的土地上了。」

師父問：「那土地是誰的呢？」

乙徒弟說：「那當然是自己的囉！」

師父問：「那就對了，我們今天將樹種在寺院，我們又是寺院的一份子，所以這一部份不就說明，我們根本沒有屬於自己的土地？」

做任何事都要有事先的計劃以及構思，最重要的是要有「遠見」。樹木是會成長的，必須有一定成長的空間，我們常常認為「小樹」還很小，暫時種植無所謂，經過數十年才驚訝發現：「樹」要有空間。佛在經典中提到「王子雖小，不可輕；龍子雖小，不可輕；火雖小，亦不可輕；比丘雖小，更不可輕。」就是說明「尊重、護念、關照」的重要，明白這個道理便「所行無礙」。

39

當「杯蓋」落下那 一剎那

　　人的心情，是很難去控制的。時好、時壞、時得意、時忘形、時執著、時放逸、時精勤、時懈怠。看來看去這個時候就以「時執著」歸屬了。小有天份彩繪杯子，便小心翼翼看重，再如何看重總是有失算時。一個漫不不經心的動作，手碰撞到桌緣，「杯蓋」竟自行脫離杯身，直接滑落於地板。那一剎那間，沒有難過，第一個念頭就想到「虛雲老和尚」當年的情境：「虛雲老和尚……因為熱水偶濺及手，茶杯墜地，一聲破碎，疑根頓斷，慶快平生，如從夢醒。」執著什麼？什麼都沒有了，捨不得什麼？當你心中有「好」與「不好」的執著，你的內心便開始焦慮，執著什麼？

　　當然無德行，怎麼能和老和尚相提並論呢？但事隔二天後的一個早課，就在一彎腰五體投地禮佛動作中，在眼前出現一行的法語：「鏗鏘音響起，一切法無我。」有如跑馬燈般，一而再，再而三，不斷重複出現再眼前。靜靜的去思惟內心困惑為什麼？煩躁為那門？為什麼無法突破？為什麼悶聲不響持續發燒？到底為什麼？

　　喔！原來是佛菩薩顯靈，「佛菩薩」知道「菩提道井」中掉落一名「道人」，正仰首望天等待支援，於是顯靈提示

呢？佛菩薩的提示用意在那？是不是要告訴「道人」天無絕
人之路，自當於瓶頸處另找生機。活著是希望走下去的理由，
生命在呼吸間，一旦一口氣不來，所有的理想將化為烏有。
因此，所以佛菩薩要解救「道人」呢？

世間事「是非成敗轉頭空，恩怨情仇瞬眼矇；綠水青山
依舊在，人生幾度夕陽紅。」無論對錯也只不過是當下的堅
持，時節因緣過了，轉眼一切什麼都沒了，如不將眼光放遠，
不明修道為何？不明白一切皆「無我」，又如何感受到「目
空海內氣飛揚，每笑迂拘厭矩方；蓋世才華成底用，算來終
不敵無常。」的道理呢？無常就是不常態，時常變、常改變
也因為如此我們才有成長空間。

人我當中，是是非非，皆因為有「我」的存在，沒有「老
二哲學」，一切事情皆以主觀意識為主，認為「應該」在其
中加上一個「我」字，「『我』就是老大哲學」，這樣不就
代表「我」心中沒有感受「他」人存在的價值！是誰讓「行
者」迷失路途了？是「我」！是誰捨棄「善知識」？是「我」！
所以今天必須接受「心苦」的磨練切莫要怪他人，只因自己
常以「自我」為中心、自我為意識。

如果用「實線」和「虛線」來比喻，實線是平坦的道路，
虛線是坑坑洞洞坎坷不平的道路，既然虛線不是實線，就常
會在每一「實線」踏板外踩空。人生苦樂唯自己能決定，如
果沒有慎重選擇自己的道路，因而走差了也怨不得人，所以

彩繪心靈・法味的饗宴

「休得爭強來鬥勝，百年渾是戲文場；頃刻一聲鑼鼓歇，不知何處是家鄉。」百年渾是戲一場，爭什麼？鬥什麼？只要不爭、不鬥，便能放寬心，好好過日子。

40

滾石不生苔

　　「大家來看這一個石頭!」「哇!長滿了青苔,還長了小花喔!」「師父,為什麼這一個石頭長滿了青苔,而這個沒有呢?」「徒弟呀!你有沒有觀察到:這一個不長苔的石頭是在水流沖擊的地方呢?」「師父,那就不會長青苔是嗎?」「是的。因為石頭被水沖擊容易滾動,便無法維持在一個定點,除非被卡住不轉動,或許有機會長青苔吧!有句話這麼說:『滾石不生苔』就是這一個道理。」

　　「徒弟呀!一個人要有成就,就必須如『良禽擇木而棲』之後,在巢中努力孵蛋才能繁殖牠們的下一代。而『飯未煮熟,不要妄自一開;蛋未孵熟,不要妄自一啄。』又如煮開水,即使是小火慢煮,最後還是會煮開,可是如果水未開就關了瓦斯,那是永遠喝不到熱開水的。做事一定要堅持、一定要有毅力、長遠心,滴水可以穿石,愚公可以移山,鐵杵也能磨成繡花針,總總告訴我們:毅力就是成功的終點。」

　　「我們期望一生都風平浪靜、平步高昇,因而所做的任何一件事,無不投入很多的心力,可是就是發揮不了力道。問題到底出在哪呢?就是無法『持續和堅持』。弱者一點一滴努力學習,有一天就會成為『強者』。從不會到會,其中

要經過無數次的失敗，才能感受到『什麼叫做會的感覺』。從沒有到有，就是付出代價，付出心力和恆心，最後『什麼都有』。行與不行，就在『心力』，心力強者什麼都行。」

「徒弟呀！無論做人或修行，只有一句話，就是：『老實修行』，老老實實做好自己的本份事，愈是簡單的事，持之以恆就不簡單。簡單是困難的試金石，如果一切事從基礎紮根就能感受『樹高千丈紮根深，枝壯葉茂花盛開。』的成果，『根深不怕風搖動，樹正無愁月影斜。』你明白為師之意吧！」

「師父，我明白了，就是學習踏實和老實做人處事。」

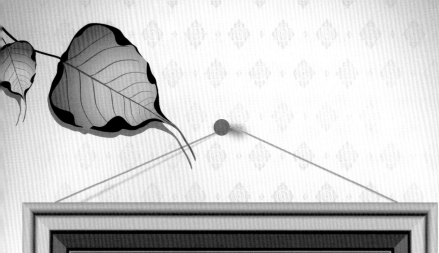

41

從抉擇中，確認一個「答案」

彩繪心靈 ‧ 法味的饗宴

　　「生命」的種子總是在種種不經意中誕生。這一棵南瓜也不例外，春天時並沒有發現小種子長出來，而這一期間也經過了花圃大修剪，也沒有看見小苗。或許我們沒有很用心來看見周遭的事物，一心一念就只想著自己的事，而忽略了美麗的小花、茁壯的小樹，他人對我們的關懷。

　　「南瓜」長在花圃，留或不留呢？留下，南瓜便會形成牽絲攀藤纏著植栽，到時候花園便成了菜園。其實我真的想了很久，我到底要不要拔除南瓜？再過兩星期就要開花結果了，我到底要不要做一個抉擇呢？留下來可以收到好多好多的南瓜，但相對的我便會失去了花園，南瓜成長需一個很大的空間。想著想著，四天之後，我的決定：放棄「南瓜」。

　　很多人一定會覺得很可惜，為什麼不讓「南瓜」生小「南瓜」呢？如果明白什麼是「花圃」和「菜園」的定義，或許就能理智來處理這件事。這一件事顯示了我們內心深處的想法，也即是我們潛在微乎其微的心思。

　　為「利」，我們就會想留下，因為留下「南瓜」可以有很多的「南瓜」可吃，而「花」只能看又不能吃。想著很多

144

的好處，選擇放棄做人的原則，反而什麼都沒有了。人為了私心往往會在意識低迷時踐踏巨人的肩膀，走向自私自利的方向，而忘掉曾經給我幫忙的善知識。

人要感恩、知恩、才能慈悲善待他人。人要理智、明理，才能沉寂擁有洞見。別看是個小小的念頭和思惟的抉擇，如果是上位主事者，這一個小小動作便會成為大波浪，若是下位做事者也會造成許多禍患，重者失去了決策方針，輕者走在迷途中。所以凡事皆應三思而後行。

HUIKAI

42

變 色 龍

　　「師父，我們今天大寮都沒有菜了！」「嗯！那就請負責採購的師父去買菜。」乙師父很想出去透透氣，就和師父說：「我可不可以和師兄一同去買菜呢？同時我也可以幫師兄忙呀！」「嗯！好吧！」

　　乙師父很開心可以和負責採購的甲師父出門，甲師父開著採購專車到市場，因為要買的東西很多，待東西買好已接近中午了，甲師父開車經過一間素食店。

　　乙師父就問甲師父說：「為什麼這一家素食店，裡頭黑麻麻的？嗯！我不喜歡這樣的吃飯的氣氛。」甲師父回頭一看：「咦，沒有黑麻麻呀！」再看看乙師父，喔！原來乙師父戴著一支變色的眼鏡，會隨外在的光線強弱而變化，光線愈強眼鏡的顏色就會隨著加深，而這一天的太陽很大。

　　這一看，二人不禁會心一笑。乙師父說：「原來問題出在我個人的身上。」甲師父：「因為你習慣戴著變色的眼鏡，所以無法清楚看到真相。」

　　常用變色眼鏡看世界，影響到我們，對任何人事物的價

值判斷和領悟力，「一個人的態度決定他的高度，一個人的格局決定他的結局。」所以「心若改變態度就會改變，態度改變習慣就會改變，習慣改變人就會改變。」也因此，「樂觀的人在憂慮中看到機會，悲觀的人在機會中看到憂慮。」

有了這一次的經驗，以後當乙師父想看清楚外頭的事物時，便知道要將變色眼鏡摘下來。

HUIKAI

43

最後一雙藍白拖

清晨四點「板聲響起」，大眾師起床準備做早課。鞋櫃放在講堂的外側，在冬天如果沒有穿上藍天白雲「藍白拖」，進入講堂做早課，是會覺得凜冽的冬風呼嘯過我們的腳步，而讓大眾師父們裹足不前的。鞋櫃有三層總共有30格的位子，如果早一點到講堂，就會順手取最上層藍白拖，而如果你拿到最下層，那表示你是最後一個進入講堂的。

徒弟：「哇！現在幾點了！嗯！一點、二點……距離四點還有半個小時再睡一下子好了。」

徒弟：「咦！怎麼有唱頌的聲音。」

徒弟：「糟糕！遲到了。襪子、海青，嗯！不對！還沒有刷牙，不行！來不及了，白開水咕嚕咕嚕，臉隨便了！來不及了…走快一點…不行！要照顧威儀……哎！到講堂了。」

徒弟：「嗯！最上層都沒有拖鞋了，喔！最下層還有一雙拖鞋。」

徒弟：「哎呀！為什麼要放那麼底下哩！」

徒弟：「趕緊進去做早課。」

其實我們有時也會做錯事，只要承認錯誤下回改進，便是成長的象徵。但千萬別為自己的粗心或不小心錯過或遲到而找理由，或為這一個錯的過失找台階，好像千錯萬錯都不

彩繪心靈・法味的饗宴

是自己的錯，其實那是我們無法面對自己的錯，一個人如果
無法體會什麼是彎腰，是很難體會「彎腰低頭，只為了抬頭
時做準備；低頭彎腰，是為了人與人互動長養謙虛。」

44

退步原來是向前

　　性格的品質會影響一個人，與周遭人際及人事上的運作。人與人之間的互動如果沒有權與利的試煉，很難看出交集互動的程度。也就是說在「權」與「利」的基礎上，一樣有能力，卻未必一樣有實力，唯有實力者能站上風頭成為主導者。

　　懼怕頭銜「走位」的人，比較擔心「位子」不保，擔心「下位者」不信任而產生動搖情形。深層一點分析就是他「能力不足」，害怕人家超過他。一株小樹，為了保命必須努力生長、往上發展、向下生根，歷經四十年的茁長終於長成大樹，這期間不知道經歷了多少回的風吹雨打考驗，才有今日屹立不搖的氣勢。

　　不要和他人過不去，和他人過不去就是和自己過不去。當我們一剎那間關閉了內心的光源，我們就會像得了眼疾的人一樣見不到光明，生活在黑暗中看不清楚自己，更別說看到他人或一切事物。佛門中有一段話，很值得我們去留心：「一念瞋心起，百萬障門開。」所以一個人一旦有了嫉妒心，除了傷害到他人，同時也傷害到自己的身心靈，何必呢？！布袋和尚之道《插秧偈》說：「手把青秧插滿田，低頭便見水中天；心地清淨方為道，退步原來是向前。」還是老老實實當一個平凡的人，能當一個「平凡」的人，才能過「超凡入聖」的生活。

45

沒有「桌子和椅子」的家

　　有時候我們會想，到底什麼是「需要」，什麼是「想要」？而什麼是「不需要」。有一種人並不是因為「需要」或者是「想要」，而是根本就是「不要」。生活中遇到一名擁有一棟自己房子的人，只要「房子」就是不想要添購桌椅、熱水瓶等，一到他們家做客有趣的是，打開門只看到所謂的「客廳」，空空蕩蕩沒有任何東西，要自己帶「椅子」和「茶水」來做客。

　　師父：「家中都沒有客人來嗎？」

　　居士：「有呀！」

　　師父：「來要坐哪呢？」

　　居士：「就『站著』講話。」

　　師父：「為什麼不買桌椅呢？」

　　居士：「因為不常用，為什麼要買呢？」

　　師父：「哇！很難去理解，這到底是什麼理論。」

　　師父：「看來！你家根本沒有什麼客人，朋友少之又少。」

　　居士：「師父您怎麼知道的。」

　　師父：「誰願意到他人家做客，被主人『罰站』的。」

　　居士：「罰……站！」

　　居士：「師父！我喜歡參加外頭活動，我的朋友都約在外面。」

155

師父：「如果你的心在外頭，自然就不會好好經營這個家。」

居士：「可是我也有工作，賺的錢就是為了這個家。而且在公司一待，就是二十五年都沒有換工作。」

師父：「做事有毅力和堅持。」

居士：「可是，我不能讓自己空閒下來，我也不能沒有朋友。」

師父：「要人家當你朋友的時候，你要先當他人的朋友。學會去關心、照顧他人。學著付出和感受他人的心情，同時要給乾涸心靈立即的補給。」

居士：「有啦！我通常找人出來喝咖啡、吃飯。」

師父：「不是找人來談是非。」

居士：「原先不知道為什麼？他們都不來我家？現…在…明白了。」

人是很矛盾的，忙的時候就說沒時間。而有時間時又怕時間太多，所以呢？除了工作外，而將空檔時間變成很忙碌，如果不這麼做，就不知道要如何生活？所以拆掉守護心門的大鎖，打開心窗讓繁華住進心裡頭，而心一直往外去追逐，讓自己的心不能閒置下來。而讓「心」過的很疲憊，除了吃飯、閒逛回到家就睡覺，哪還需要家具。「心靈資糧」是支撐我們走完人生旅程的條件，多一點時間做一點公益修福，多一刻時間沉澱身心，少一點時間無意義浪費光陰。相信將人生的步調做一個修護，你我都會有美好圓滿的人生。

46

寺院中的蘋果派

「師父，我要外去送文件囉！」
師父：「要早一點回來用午齋！」

這時徒弟偷偷的往齋堂一瞧，咦！怎麼有這麼多的蘋果呢？徒弟當下只看見一堆堆的蘋果，心想：到底要做什麼的呢？心中的問號從走出山門再回到寮房，問題始終都沒有解決，一直到用齋的那一時刻，答案揭曉了。

大眾依序走入齋堂。「喔！原來是蘋果料理！」大眾你看我、我看你，就是不知道這一道菜到底好不好吃。就在遲疑的當下，行堂師父拿起夾子放入一顆超大、內包素料的蘋果，直接就往缽裡放。大眾仍不知所措，哇！真的好大粒的蘋果派。

徒弟說：「這麼大個哩！不知道好不好吃？」

徒弟隨大眾念完供養偈，咬了一口，覺得被外表好看給騙了，看似好看的的菜餚成了長久的夢魘。

徒弟說：「哇！我怎麼吞的下去呢？怎麼會看起來很好

吃的樣子，而吃起來這麼難以下嚥呢？」

師父說：「我們常常被外表的感覺給騙了，我們用眼睛看看，用耳朵聽聽，好像是這麼一回事，甚至鼻子聞到的感覺也好像是這樣，請問一下：這時你的『心』在哪呢？」

徒弟說：「師父呀！當我看時就想要吃，哪想這麼多！」

師父說：「是嘛，滿腦子就想到吃，總要為吃付出一個代價吧！」

徒弟說：「師父，我跟您說，真的看起來很好吃的樣子哩！怎麼知道竟是不好吃？」

師父說：「徒弟！做任何事不要用感覺，那是一種表相而已，活在外表中如何能深入內層呢？」

師父說：「好不好吃只是味覺產生的感覺，喜歡吃的人說好吃，不喜歡吃的人說不好吃，其實我們是隨著我們自己的習氣去做任何事，一旦如此，修行路上必然苦多樂少。」

直覺不一定能得到答案，感覺又沒有辦法確認現況。遇到任何事唯有沉靜身心，要看清杯子裡面的東西之前，首先就是要停止動盪的水。

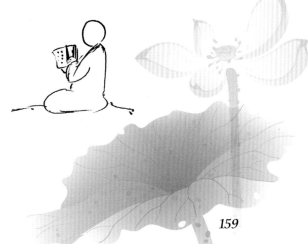

47

小 強 好 強

　　不知道為什麼蟑螂又叫小強？但是牠真的好強，白天住在下水道，晚上到處都是牠的天地。我住在大寮（廚房）的旁邊，食物儲藏室的隔壁，老鼠必經之路的走道上。明明寮房就是有門還是擋不住小強的自由行。牠居然在我們睡覺的時候，大大方方走在走廊上有如警察巡邏般，來來去去探訪哪家門子可以進出。

　　為什麼小強都要晚上出來？了解了，因為晚上見不到「拖鞋」，因為拿「拖鞋」的人不上夜班，所以掛牌「休息中」，而我是師父，只能護生不能傷害小強，所以會拿「拖鞋」的人不是我。

　　小強從門縫深呼吸縮小腹爬進來，別看牠小小一隻，只要看到小強，相信在座各位必然哇！哇！哇！那一刻真的體會到雞飛狗跳的感覺，既害怕又想驅趕牠。

　　有一天兩名師父談論起小強「自由行」的事，到底為什麼小強可以隨意進進出出呢？

　　甲師父說：「小強有『練軟骨功』啦！」

乙師父說：「不可能啦！我覺得小強是有『練瑜珈』啦！」

甲師父問乙師父：「為什麼呢？」

乙師父說：「因為小強如果太胖，就過不了門，所以小強必須要做瑜珈呀！。」

乙師父說：「練軟骨功是要吃藥喔！小強怕吃藥喔！」

甲師父說：「是喔！」

乙師父說：「你不知道小強最怕看到三個字嗎？」

甲師父說：「什麼字呢？」

乙師父說：「『蟑…螂…藥』三個字啦！因為小強的同伙很多貪吃所以就…稍不留心吃了就…『往生』到西方極樂世界了。」

甲師父說：「是喔！」

甲師父說：「小強有讀書嗎？」

乙師父說：「小強在牠們世界應該有吧！」

甲師父說：「嗯！」

乙師父說：「能出來『自由行』一定有謀生能力的啦！」

甲師父說：「是喔！這年代讀書除了改變內在氣質還可保命喔！」

乙師父說：「對！對！對！讀書好。」

生活可以很活躍，心情可以很開心，只要保持怡然自得的心情，任何一個處角，都可以感受到風定天晴，豔陽高照給予我們的溫暖。常常給自己會心一笑，化解生活中的緊張、壓力，開心一天，不開心也是一天，那為何不選擇開心呢？

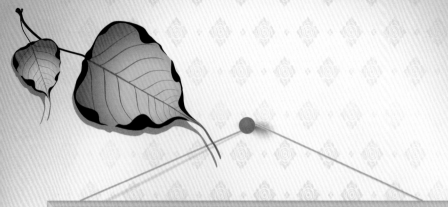

48

完善的結局

　　烏龜在夜色灰暗中悄悄離開了寺院的烏龜池，爬行到車水馬龍的大馬路，一個撞擊聲下，「咿咿呀呀！我…還…不想走，但…我的殼子受傷了，看來我活不了了，誰來救我呀！」這個時候剛好有師父路過。

　　「師父！師父！那是什麼？哇！有血喔！」徒弟問。
　　「是烏龜，烏龜被車子給撞了」師父說。

　　於是慈悲的師父們，便將烏龜帶回寺院，並立即送到動物醫院急救。然而經過了一整天的救治，烏龜還是無法挽回性命。師父於是幫往生的烏龜念佛皈依。

　　「未曾生我誰知我，生我之時我是誰？來時歡喜去時悲，合眼朦朧又是誰？」是誰讓我們來到這個世間？是我。是誰讓我們受盡人間悲歡離合？是我。一切為什麼是我？佛陀說：「欲知前世因，今生受者是，欲知來世果，今生做者是。」

　　「佛說因果偈云：貧富皆由命，前世各修因，有人受持者，世世福祿深。……前世修來今世受，今生修積後世人。」（三世因果經）這一生正在上演前世的劇本，希望來生有好

的角色演出，那就要好好在這一期生命的每一時刻專注寫好腳本，為「最後的一個旅程給與完善的結局。」

彩繪心靈・法味的饗宴

49

信心，是鼓舞的燃點

是環境造就一個人，或人改變了環境？人的心大致會因為周邊的地理環境，而讓我們有新的想法或者是作法。一個人處在一個弱勢點有二種可能性：一者，一直陷入絕境。二者，逆來順受調整心情，成了逆增上緣。當然後者一定有善知識的協助，也就是一般人所說的貴人。

一個人會放逐自己，只活在自己的空間，原因是自己的能力不足，無法和眾人一同學習，因為內心中的心力使不上，迴避人群用自己的想法過日子。有一則故事：一名愛好養魚的人，自水族館買一條「鬥魚」回家，放在一個玻璃杯裡，照顧一陣子「鬥魚」不太想活動，生機一直沉悶。於是主人在玻璃杯外，再放大的玻璃杯，裡頭也放一條「鬥魚」，結果第一隻「鬥魚」看到另一「鬥魚」後，居然每天就一直悠遊擺動看起來就很有朝氣。

人與人之間彼此互動，可以激勵內心沉寂很久的心力，信心鼓舞了燃點。一個成功的人是經驗無數回的失敗，才能仰望天際。要想成功就要了解他人成功的過程，便能開啟我們成功的源頭。

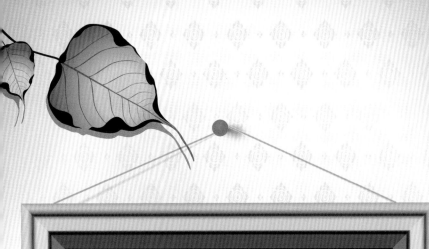

50

一 塊 錢

師父：「徒弟呀！每天都要存一塊錢。」

徒弟：「嗯！好的。」

徒弟：「師父為什麼我們要這樣的做呢？」

師父：「善根是一點一滴培養出來的。」

徒弟：「那和存一塊錢有什麼關係呢？」

師父：「我希望你用存一塊錢的心情，儲存你的善根。」

徒弟：「善根要如何儲存呢？又不是一塊錢拿的到、看的著哩！」

師父：「我們每天說一句好話、做對一件事、幫助自己協助他人，這就是善根。」

徒弟：「是喔！」

師父：「去拿一杯水來。」

徒弟：「是！師父水來了。」

師父：「把這二十塊錢一一的放入杯子裡，但是每放一塊錢，就說出一件做的好事、或說一句好話。」

徒弟：「好的。咚！哇！了解了，原來善根是可以儲存的。」

老鼠掛單

鼠王：「傳令官，你去告訴大大小小的同胞們：我們要搬家了。」

傳令官：「為什麼我們要搬家了呢？」

鼠王：「等將大家找來我再說明吧！」

傳令官：「叩！叩！叩！大眾集合了。」

小老鼠：「什麼事呢？呵，我好想睡喔！」

傳令官：「大眾集合了。」

小老鼠：「嗯！好吧！」

鼠王：「親愛的子民，我們要離開這個地方了。」

小老鼠：「咯！」

傳令官：「為什麼？」

鼠王：「我們糧食已經到底線了，再過二天就沒有東西吃了。」

小老鼠：「那怎麼辦呢？」

鼠王：「不用掛心我已經找到了一個地方了，今天晚上將東西打理一下，我們一大早就離開這裡。」

於是鼠王帶著小老鼠們搬進了附近的一間寺院，浩浩蕩蕩住進了寺院專門放食物的庫房，老鼠們放下各自行李就這樣安住下來了。

小老鼠：「鼠王，我們肚子好餓喔！」

鼠王：「等會大家準備一下，我帶大家去找食物。」

庫頭師父：「嗯！為什麼米袋破了一個洞？」

庫頭師父：「香積師父，米袋破了一個洞，你想個法子去修補一下。」

香積師父：「奇怪了，怎麼會破洞呢？補呀補，嗯！好了。」

鼠王：「嗯！不是昨天才咬了洞怎麼又…難不成這個是魔術袋？」

鼠王：「親愛的子民們來，將這個搬回我們的家去。」

庫頭師父：「嗯！不是才補好嗎？怎麼才過一天又破了。」

香積師父：「庫頭師父，哇！您…看…看…老…老…老鼠吃…我們的…東…西」

庫頭師父：「喔！」

庫頭師父：「開師父，方便給一張便條紙嗎？」

開師父：「庫頭師父！好的。」

網路總編開師父寮房就住在「庫房」一牆之隔，這天庫頭師父找開師父拿東西，結果呢？

開師父：「便條紙在哪呢？嗯！對了！在抽屜，嗯！什麼東西軟軟的，哇！…老…老鼠。」

開師父：「庫…頭…師父！我的寮…房有老…老鼠！」

開師父：「哇！老鼠！真的住進來了。」

庫頭師父看到老鼠浩浩蕩蕩拿者寺院的食物，搬去老鼠的家，現在看到牠們又開拓新領域。心想；這要如何處理呢？嗯！有了，找「方丈和尚」來幫忙。

庫頭師父：「方丈和尚，寺院的米糧這一陣子一直受到老鼠的危害，同時影響師父住的品質。」

方丈和尚想想：要如何處理呢？第二天方丈和尚帶了庫頭師父、開師父、香積師父……等到庫房找到老鼠的窩，給予最忠誠的告知。

方丈和尚：「記得早年在佛學院就學時有師長曾教過，為護念僧伽的食物及衛生起見，為老鼠們做一個牽單的告示，來大家雙手合十：『護念老鼠等性命與財物，敬請諸位輾轉相告、口耳相傳，深藏遠避，限三天遷徙到安全的處所，並清淨歡喜布施房舍聚落。以此功德，至誠迴向祝福諸位，現前乃至將來從法化生、即身成佛、戒德聖潔、謙恭賢良、福慧圓滿、諸根圓通、共同成就最上正等正覺，弘護真理聖教久住世間，普濟法界萬物即身成佛。一切眾生皆有佛性，法界萬物同圓種智，我們有佛性，我們會成佛，我心如斯佛自知，畢竟現前得成就。』」

庫頭師父：「方丈，為什麼我們要這麼麻煩講這麼多呢？」

方丈和尚：「無論是針對老鼠或修剪樹木或除草，這個告示都可以用。眾生都有佛性，我們凡事要以慈悲為懷，同時祝願牠們此生種下這個善根。」

庫頭師父：「喔！知道了。」

當「方丈和尚」為老鼠開示後第二天，結果呢？一名開「山門」（寺院的大門）的師父一大早打開門。哇！老⋯鼠⋯

全…在山門口吱…吱吱叫著。庫頭師父又跑去找「方丈和尚」，告訴在山門口看到老鼠的情形，於是方丈和尚想到一個法子。

方丈和尚：「庫頭師父你去將所有老鼠請到法堂來。」

庫頭師父：「老…老鼠…們，方…丈…和尚請諸位到法…堂…來。」

才一會的時間，老鼠們快速的跑到法堂來了。

方丈和尚用鏗鏘有力的聲調：「老鼠們，要你們牽單，你們在山門口吱吱叫，師父怕諸位沒有東西吃會餓死，現在呢？我們請糾察師父為你們安排一個『職事』，另提供一住所及吃飯的地方，別再吵了，更不可以破壞『僧伽三寶物』」。

於是糾察師父就將竹子剖成兩半，每到過堂時間就將老鼠食物放在裡頭，讓老鼠們排班和師父們一同過堂用齋（吃飯）。結齋（吃過飯）後師父們出坡（打掃）。老鼠的職事呢？就是在屋樑牆角走來走去，保持環境乾淨，避免其他蜘蛛來造違章建築。從此之後，寺院師父們和老鼠們便和平相處。

這雖只是一則故事，老鼠生性機警，膽小，好猜疑，晝伏夜出所以長期能夠與人類共存。而我們有時候也是很機警、遇到事時又變膽小、與人互動時又喜好猜疑。生活隨時是角色替換，故事中看到我們的心性，我們潛藏內心的想法。但最終還是要有智慧，去處理每一件事，因為任何一件事，都是造就成功的基石。

52
平 靜 身 心

　　當一步步從車水馬龍朝向郊區，進入森林大自然時，感受到天籟取代人聲喧嘩。行徑過程中，讓自己的腦筋沉澱了心也沉寂了。原來我們需要一個寧靜的空間，練達心中調整外在的功夫。逃避只是堆積更多的煩惱，平靜身心，是將煩惱轉為菩提的方法。

53

藉境修心，藉事鍊心

寺院的菜吃完了，徒弟自告奮勇願為師父分擔，代替師父到市集……

師父：「出門要記得回來的『路』。」

弟子：「師父『安心』我會記得。」

師父：「菜單給你。」

弟子：「好的。」

弟子：「嗯！師父說要買蘿蔔、土豆、金針…等，一、二、三…好了，回寺院嘍！嗯！那在表演喔！這在賣什麼呢？看一下。」

師父：「為什麼從早上出門，到中午還沒有回來呢？」

弟子：「我剛才從這走到那，不對，我剛才是從那……我到底從哪走到這呢？」

弟子：「哇！中午了，肚子好餓呀！回寺院的路忘了怎麼走哩！真的太晚了，回去一定會…被…師…父…責罵，問…問…人家好了。」

弟子：「師…父！我…回…來了！」

師父：「嗯！」

弟子：「奇怪！為什麼師父居然沒有罵我？」

師父：「你今天看到什麼了？」

弟子：「我…」

師父：「不要緊的，你說。」

弟子：「我…買了菜就…去看表…演還有看…後來走…遠…了就忘了回…來…的路。」

師父：「生活就是一個『體驗和考驗』，無論走多遠都要記得回來的『路』。每一個『路口』、每一個『路程』都有留住我們心的『賣主』，他們的『乾坤袋』賣著我們的『欲望』。只要稍不留意我們的『心』就會被留在那而忘了正事，忘了回家的『路』，花了錢、費了精神，嚴重點是留連忘返，這回就當做一個修道考核，從中明白原來修行是要『藉境修心、藉事鍊心。』」

弟子：「我…明白了。」

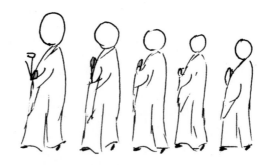

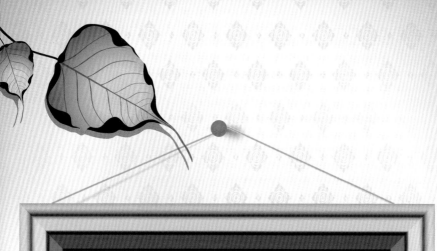

huikai

54

靜下這一顆心

彩繪心靈 · 法味的饗宴

徒弟說：「師父，我這樣坐著很莊嚴嗎？」

徒弟說：「我學這個動作，學很久喔！」

徒弟說：「師父，您看我這樣很莊嚴嗎？我可是付出代價的哩！我坐蒲團腳既麻又痠痛，才有今天的成績。」

師父說：「徒弟呀！是『誰』要靜下心？」

徒弟說：「嗯！」

師父說：「坐在那就能『看住心念嗎』？」

徒弟說：「嘻！」

師父說：「外相如如不動就是修行嗎？」

徒弟說：「喔！」

徒弟說：「我不學樣子，人家不知道我在修行。我學樣子，師父說我不是在修行。到底我要如何才好嘛！」

師父說：「修行是要調整個人身心，學習佛陀的一切善的品格、每一個念頭的守護。如果一直著重外表就如同鸚鵡學人講話，很會講但不明白所說的每一句話的內容和含義。

修行是要做給人家看嗎？還是為了自己精進辦道呢？所以一個有成就的人是謙恭處事，不是一再要他人肯定我們，一再索取他人肯定，如是那樣，表明內心不夠穩健，才想獲得他人的肯定。有沒有付出代價，自己要比任何人都要來的

清清楚楚。如果自己連心在想什麼都不明白，就如同掌船在大海中而指航針故障，在海洋中迷失方向。所以我們用不用心善待自己，在內心中另一個自己是能告訴自己的。內心世界是要不間斷的吸收、調整，才能將此忐忑不安的心一一撫平。修行是要「修心」才能修身，如果你認為是「修身」來修心那就錯囉！」

55

疏導不良氾濫成災

　　師父很精進的在念佛堂念佛，並未理會外頭嚷嚷的聲音。四個小時後師父出堂，雨勢還是很大。在觀音菩薩前的大廣場，左右兩側各有個排水洞，在下雨的前一星期一名徒弟見到這個洞口，便想到要做一個網子，來擋大小的樹葉。這個想法的確是很不錯，但事實並不如預期來的理想，反而因為這個小小的動作造成了不必要的小插曲。

　　徒弟說：「哇！師父下大雨了。」

　　徒弟喊：「師父，您快來呀！淹水了！師父，您快來呀！淹水了！」

　　師父問：「徒弟什麼事呢？」

　　徒弟說：「師父，廣場淹水淹到第一個樓梯了啦！」

　　師父說：「嗯！」

　　徒弟說：「一定是大師兄種花割草不小心將草堵住水溝出口，影響排水系統吧！」

　　師父說：「知道了，你去禪堂請大師兄看看現場如何處理吧！」

　　徒弟說：「喔！嘿…大師兄一定完了。」

　　徒弟照師父的交代來到禪堂，告訴大師兄廣場積水情況

請他處理，大師兄二話不說拿著雨傘左看看右看看，不到五分鐘看到水流的速度很慢，用雨傘撥動一下，積水還是無法解決，思索一會兒，捲起袖子，將出水孔的網子拿起來，不到五分鐘廣場的水全退了。

大師兄說：「向師父報告，廣場積水是因為有網子擋住水流動的關係，網子拿起來就好了。」

師父問：「網子誰放的呀！」

徒弟說：「嗯！糟…糕…網…子是我…放的…」

師父問：「那你為什麼要放呢？」

徒弟說：「因…為…怕樹葉掉進排水洞口啦！」

師父問：「這個時候要掛心的是樹葉掉在排水洞孔呢？或是要解決積水的問題呢？」

徒弟說：「這…當然要…處理積水問題。」

師父說：「徒兒，做任何一件事都要用心、小心、寬心，不能常和大師兄計較。」

徒弟問：「師父您怎麼知道我和…大…師兄不是很好？」

師父說：「人有沒有心量在我們的面上是可以看出來的，在眼神中是會流露出是否有意去傷害他人的。」

徒弟說：「師…父…」

徒弟說：「大師兄發心又有智慧，什麼都好，而我什麼都不會。」

師父說：「大師兄出家三十年了，他也是從小和尚慢慢的學習，而你才剛出家要學的東西還很多，凡事要學習他人的長處，不要老想找他人的問題，顯明自己如何，這是不應

該的。一名行者在日常生活中，點點滴滴都是修福修慧的機緣，那也包括隨喜他人功德，明白嗎？」

「面上無瞋是供養，口裏無瞋出妙香；心上無瞋無價寶，不斷不滅是真常。」心量大福報就大，所做所為一切最後還是回向我們自己，我們可以「比較」，但千萬不要「計較」，比較可以緩行，計較傷人害己，有緣共住相處要珍惜每一個當下的因緣。

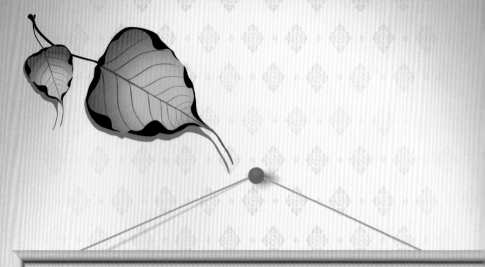

56

一 張 地 圖

　　內心中有一個朋友叫「正見」，它導引著我們正向的思考，當我們忘失回家的路時，它猶如一張地圖，指引著回家的路。

　　心懷裡住了一個朋友叫「正思惟」，如同家中的守門人，隨時守著進進出出的人。

　　記得回家的路，如同拿對門鑰匙鎖開對了門的「正語」，能讓我們種善因獲善果。有了「正見」、「正思惟」、「正語」朋友的駐守，我們所作所為皆是清淨無染「正業」。

　　一切皆能如法「正命」過日子，不忘懷「善知識」給予的提示，一心專精不敢懈怠「正精進」行持。

　　遇到逆境時，心中一直保存善念。無論發生多大的事要時時存著「正念」、以「正定」的功夫，攝諸散亂，自然身心寂靜。古人說「人有善願，天必從之。」「八正道」是行者於日常生活中必備的強心劑。

用 心 體 會

徒弟：「為什麼我們要在這一個圓圓的框框內呢？」

師父：「環境是可以守護善根的。」

徒弟：「可是為什麼大家都要在一起呢？」

師父：「修行呀！不容易！所以要大眾彼此互相提攜及勉勵。」

徒弟：「師父我們有時候修行時好想睡覺喔！」

師父：「那就去睡覺呀！」

徒弟：「嗯！」徒弟：「師父，我們真的可以去睡覺嗎？」

師父：「但是要看著自己的『心念』，因為心是行為根源。去思惟我們的『身』真的是疲憊了嗎？如果真的是太累了，那就休息吧！或者是想放逸不精進呢？如果不精進，那就要再提起道念用功。」

徒弟：「是。」

師父：「智慧不是一個東西不能用給的，就像他人喝水冷暖自知，必需自己用心體會，精進辦道。」

徒弟：「是，我了解了。」

58

回頭，只會讓路更遙遠

　　做錯一件事可以「重來」，不會做的事可以「練習」，「人生的舞台」沒有練習、重來、彩排。

　　如果你「決定」一個目標，就朝那個方向「前進」；如果你決定一件事，就「專注」完成它；如果你有一個「使命」，就「擔當」不要回頭。任何一件事只要「回頭，只會讓路更遙遠」。

59
唯一的道路

　　徒弟：「師父為什麼？我們每天都要走同樣的路來回寺院呢？」

　　師父：「路要熟悉才能到家。」

　　徒弟：「可是我已經走了二年了，我對回去的路很熟識呀！」

　　師父：「徒弟呀！這是什麼呢？」

　　徒弟：「是花呀！嗯！什麼時候長的，我怎麼都不知道呢？」

　　師父：「如果你對回去的路很熟，應該對這一條路的環境更了解。」

　　徒弟：「嗯！」

　　師父：「古德云：『山色無非清淨身，溪聲盡是廣長舌；青青翠竹盡是法身，郁郁無非是般若。』無情物都可以說法，告訴我們花開花謝無常相。有情識的我們要用心去體會才能有所體悟。」

　　徒弟：「嗯！原來修行在日常生活中喔！」

　　師父：「是的。」

60
說⋯來⋯話長

　　師父：「徒弟等等去山門口，左側台灣欒樹下將雜草拔一拔。」

　　徒弟：「喔！」

　　師父：「不要說喔！要回答：『阿彌陀佛！』」

　　徒弟：「阿彌陀佛！」

　　就在師父公務外出後，徒弟便帶著他的「念佛機」走到山門口，開始了他的「出坡」拔草工作。不到半個小時一名居士，蹲下來和師父閒聊便問道：

　　居士：「師父您為什麼要出家？」

　　師父：「嗯！」

　　居士：「您方便和我分享，為什麼要出家嗎？」

　　師父：「說⋯來⋯話長。」

　　居士：「師父您可以簡單說。」

　　師父：「只有兩個字。」

　　居士：「那⋯兩⋯個⋯字。」

　　師父：「因⋯緣。」

　　居士：「因⋯緣就這⋯兩個字。」

　　居士：「明白了。」

當居士離開後，師父回來了，徒弟歡欣鼓舞。說明師父不在時有居士問他的問題。他好緊張不知道如何回答，所以一一用最簡單的文字簡答，居士問：「師父為什麼要出家？」徒弟：「說…來…話長。」而居士覺得師父的回答：「說…來…話長。不就是指，不用說了，『過去心不可得，現在心不可得，未來心不可得』，那不就是說『活在當下』嗎？」

居士再問可否簡單說，徒弟心想：「我就是不會講，不要再問我了，便想到師父常常講『因緣』，便回了居士一句『因緣。』」而居士便想說：「原來年輕師父道行很高，我只想請師父簡單說，師父回了一句「因緣」是的『諸法因緣生，諸法因緣滅。…一切法從本無生，今亦無滅。…既然萬法不離緣生緣滅…一切法不從因緣生，一切法不從因緣滅。」居士深深體會到一切緣起法。便法喜充滿下山離開寺院了。

61

人道，好修行

總覺得人在道上學「做人」，做人在道上好「修行」。

「修行」道上學習心性成長，而後慢慢進入覺悟的生活。

我們擁有了人身，可是並沒有過個像人的生活，過個覺知覺察的生活，為什麼呢？

原來我們進入自己心房，忘了拿探照燈，在沒有光明的情況下，只感受到心路艱鉅、崎嶇不平、寸步難行現在如何是好呢？

唯一能做的是看清每件事，了解每件事的前因後果。一件事、一個問題、一個答案，都要在最好的狀態去面對、接受、處理、放下便能知「道」了。

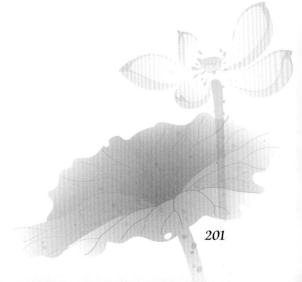

師父：「我們每天都要心存感的心。」

徒弟：「那我們要如何才能去感恩呢？」

師父：「有一位 85 歲的阿嬤，從年輕到年長每天吃飯時，都低著頭雙手合掌。不知道的人從阿嬤身邊走過，都認為阿嬤吃東西喜歡聞一下才要吃。直到有一天一名好奇的人，走到阿嬤跟前問阿嬤。才明白原來阿嬤不是在聞東西。」

阿嬤說：「每天要感恩，任何東西都是人家辛辛苦苦努力付出，不要認為我們花錢買，就輕易的浪費，或者看不起人，插秧或拔草時都是跪著工作，就是跪著祈願稻子好好長大，希望有好的收成。農夫都會用很感恩的心來對待插子，而我們吃的人，就要用雙倍感恩的心來食用。」

阿嬤：「我們不能佔人家的便宜，如果你獲得不是你應該得到的東西，你短時間內是擁有，但是很快的就會消失掉。」

每天用感恩的心，讓內心的慈悲心日日增長。每天用自省的心，讓內心的傲氣減到最低。人要勝過自己第一要慈悲自己，登上山頭，佔了優勢也要拉拔山下的人。

國家圖書館出版品預行編目資料

彩繪心靈,法味的饗宴 / 釋慧開圖.文. --初版--

臺北市:博客思出版事業網:2015.09

ISBN:978-986-5789-71-8(平裝)

1.佛教美術 2.繪畫 3.畫冊

224.52　104015721

作　　者:釋慧開

美　　編:陳湘姿

封面設計:陳湘姿

出 版 者:博客思出版事業網

發　　行:博客思出版事業網

地　　址:台北市中正區重慶南路1段121號8樓之14

電　　話:(02)2331-1675或(02)2331-1691

傳　　真:(02)2382-6225

E—MAIL:books5w@gmail.com或books5w@yahoo.com.tw

網路書店:http://www.bookstv.com.tw 、華文網路書店、三民書局
　　　　　http://store.pchome.com.tw/yesbooks/

總 經 銷:成信文化事業股份有限公司

劃撥戶名:蘭臺出版社 帳號:18995335

網路書店:博客來網路書店 http://www.books.com.tw

香港代理:香港聯合零售有限公司

地　　址:香港新界大蒲汀麗路36號中華商務印刷大樓
　　　　　C&C Building, 36,Ting, Lai, Road, Tai,Po, New,Territories

電　　話:(852)2150-2100　傳真:(852)2356-0735

總 經 銷:廈門外圖集團有限公司

地　　址:廈門市湖裡區悅華路8號4樓

電　　話:86-592-2230177　傳真:86-592-5365089

出版日期:2015年9月 初版

定　　價:新臺幣 350 元整(平裝)

ISBN:978-986-5789-71-8

智 慧 林

　　是森林的綠意盎然，讓生命產生無限的生機。是大自然的洗禮，讓我們的心思沉澱看到自己。

中壢圓光禪寺 / 智慧林

櫻花園

　　創作巧思來自（智慧林．櫻花園）這二座森林。因為
（森活大師）讓我彩繪生命，完成了《彩繪心靈，法味的
饗宴》著作的問世，無限感恩...。

中壢圓光禪寺／櫻花園